Curso de español lengua extranjera

INSTANTES
BRASIL 2

De acuerdo con la BNCC

Libro del alumno

José Ramón Rodríguez
Patricia Santervás

Autoras de la adaptación:
Denise Toledo Chammas Cassar
Marta Pérez Rodríguez

Usa este código para acceder al
LIBRO DIGITAL
y al
BANCO DE RECURSOS
disponibles en

www.anayaeledigital.es

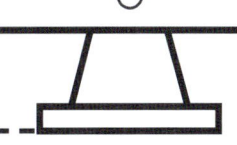

Unidad 0 — Reviso mis conocimientos
Pág. 4

Cuestionario de evaluación y revisión de conocimientos previos

---

Unidad 1 — Vuelvo al cole
Pág. 10

Secuencias
1. Saludo a mis compañeros
2. Hago nuevos amigos
3. Hablo de mi rutina
4. Explico mis horarios
5. Digo el horario de la clase de español
6. Presento mis propósitos para el año

Contenido

GRAMÁTICA
- Los verbos regulares e irregulares en presente: emp**e**zar, mer**e**ndar, ac**o**starse, v**o**lver, d**o**rmir, p**e**dir, j**u**gar
- Los verbos reflexivos: despedirse, acostarse...
- El verbo **gustar**
- Los verbos **ir a, tener que, querer** y **poder** con infinitivo

LÉXICO
- La información personal: nombre, apellidos...
- Los verbos de acción cotidiana: desayunar...
- Las horas
- Las asignaturas y los días de la semana

Secuencia final
Monumento al Quijote

Proyecto
Describo monumentos

Competencias del Siglo XXI
Maneras de pensar: aprender de acuerdo con las necesidades e intereses propios.

Cuaderno de ejercicios

Unidad 2 — Elijo bien mi comida
Pág. 30

Secuencias
1. Explico las comidas del día
2. Digo mi comida preferida
3. Doy consejos alimentarios
4. Elijo de postre... ¡helado!
5. Voy a celebrar mi cumple
6. Explico un dulce para cada ocasión

Contenido

GRAMÁTICA
- Los verbos **poder** y **deber** + infinitivo
- La oración con **si** + presente, para dar consejos
- Los verbos irregulares en –ger, –gir, –cer y –cir
- **Ir a** + infinitivo
- **Se** impersonal

LÉXICO
- Las comidas del día: el desayuno, la comida, la merienda, la cena
- Los alimentos y las bebidas básicos: el pan, la leche, el pescado, la fruta...
- Los dulces típicos: el turrón, las torrijas...

Secuencia final
Lugares increíbles

Proyecto
Mi plato favorito

Competencias del Siglo XXI
Maneras de vivir el mundo: la responsabilidad personal y social, aliméntate bien

Cuaderno de ejercicios

Unidad 3 — Pienso en días sin clase
Pág. 50

Secuencias
1. Cuento mis vacaciones
2. Describo mi verano
3. Recuerdo las épocas de regalos
4. Elijo regalos originales
5. Voy de compras
6. Estoy en una tienda

Contenido

GRAMÁTICA
- El pretérito perfecto compuesto
- La diferencia entre el uso del **presente** y del pretérito **perfecto compuesto**
- Los pronombres de objeto directo: lo, la, los y las

LÉXICO
- Las actividades de verano: bañarse en la playa, ir de compras...
- Las fechas importantes: el día de Navidad, los Reyes, el cumpleaños de...
- Los regalos: un juego de..., una camiseta de...
- Los nombres de las tiendas

Secuencia final
El consumismo

Proyecto
Un símbolo nacional

Competencias del Siglo XXI
Maneras de pensar: el consumo responsable

Cuaderno de ejercicios

Unidad 4 — Descubro mascotas
Pág. 70

Secuencias
1. Conozco animales
2. Comparo animales
3. Descubro el mundo animal
4. Aprendo a elegir mascota
5. Hablo de animales que ayudan
6. Defiendo los derechos de los animales

Contenido

GRAMÁTICA
- Las comparaciones *más que, menos que, tan* y *tanto como*
- Las expresiones **hay que, se puede** y **no se puede** + infinitivo
- La formación de los **adverbios** en **-mente**

LÉXICO
- Los animales: el perro, el caballo, la tortuga...
- Las características de los animales domésticos: cariñoso, fiel, juguetón...
- Las acciones de los animales: jugar, correr, saltar...

Secuencia final
Otras versiones de un cuento

Proyecto
Explico los animales

Competencias del Siglo XXI
Maneras de vivir el mundo: la responsabilidad personal, mi actitud ecológica

Cuaderno de ejercicios

Unidad 5 — Relato biografías
Pág. 90

Secuencias
1. Descubro una historia de amor
2. Conozco a mis ídolos
3. Explico historias que marcan un récord
4. Narro historias creativas
5. Escribo en mi diario
6. Cuento anécdotas

Contenido

GRAMÁTICA
- El pretérito perfecto simple **regular** y de los verbos *ser*, *ir*, *estar* y *hacer*
- Los **marcadores temporales** con el pretérito perfecto simple
- La diferencia entre **por qué** y **porque**
- Los conectores **y**, **pero**, **luego** y **entonces**

LÉXICO
- Los verbos para hablar de los momentos de la vida de una persona: *nacer, crecer, casarse, empezar a trabajar...*
- Los nombres de los grandes inventos: *la calculadora, Internet, el teléfono...*

Secuencia final
El portfolio de lenguas
Proyecto
Mi libro favorito
Competencias del Siglo XXI
Maneras de trabajar: la empatía
Cuaderno de ejercicios

Unidad 6 — Cuento la historia
Pág. 110

Secuencias
1. Sé las etapas de la historia
2. Descubro la historia de España
3. Conozco a personajes únicos
4. Hablo de las experiencias
5. Cuento anécdotas
6. Intercambio información

Contenido

GRAMÁTICA
- El pretérito perfecto simple **irregular (2)**
- **En** + fecha y **hace** + periodo de tiempo
- Los distintos usos del **pretérito perfecto simple** y el **compuesto**
- El **pretérito imperfecto**

LÉXICO
- Los nombres de las etapas de la historia: *la Prehistoria, la Edad Antigua, la Edad Media...*
- Los verbos de una biografía: *nacer, crecer, casarse...*
- Los números grandes: *un millón, cien mil...*

Secuencia final
Historias de misterio
Proyecto
Mi viaje
Competencias del Siglo XXI
Maneras de vivir el mundo: ciudadanía global
Cuaderno de ejercicios

Unidad 7 — Tengo una vida sana
Pág. 130

Secuencias
1. Conozco el cuerpo humano
2. Hago gimnasia
3. Explico problemas de salud
4. Hablo de estados físicos
5. Pienso en una vida sana
6. Organizo mi botiquín

Contenido

GRAMÁTICA
- El verbo **doler**
- Los usos de los verbos **ser** y **estar**
- El contraste entre **tener que**, **haber que** y **deber** + infinitivo

LÉXICO
- Las partes del cuerpo humano: *la mano, el pecho, la espalda...*
- Los verbos para indicar ejercicios físicos: *subir, bajar, levantar...*
- Los adjetivos de carácter y estado de ánimo

Secuencia final
El baile como actividad física
Proyecto
Mi deportista favorito
Competencias del Siglo XXI
Maneras de pensar: pensamiento crítico y estilo de vida equilibrado
Cuaderno de ejercicios

Unidad 8 — Hago planes
Pág. 150

Secuencias
1. Explico mi tiempo libre
2. Digo qué está ocurriendo
3. Describo el presente
4. Expreso mis ideas
5. Propongo actividades
6. Pongo excusas

Contenido

GRAMÁTICA
- **Estar** + gerundio
- Los **gerundios regulares e irregulares**
- Los conectores **y**, **e**, **o**, **u** y **pero**
- El **gerundio** con **pronombres**

LÉXICO
- Las actividades de tiempo libre: *estar con los amigos, jugar con...*
- Las expresiones para hablar de la frecuencia: *una vez a la semana...*
- Los deportes: *patinar, esquiar, jugar al voleibol, correr...*

Secuencia final
El arte al aire libre
Proyecto
Mi cuadro favorito
Competencias del Siglo XXI
Maneras de pensar: resolución de conflictos
Cuaderno de ejercicios

Unidad 0

Reviso mis conocimientos

¡Vamos a repasar... ...todo lo que hemos aprendido!

Secuencia 1 — Hago memoria

¡Completa el cuestionario de evaluación!

1 Digo mi cumpleaños
Elijo la opción adecuada y, luego, contesto.

¿*Cuándo/Cuánto* es tu cumpleaños?

2 Describo mi clase
Completo con *está* o *hay*.

En mi clase _____ 18 estudiantes. Mi clase _____ en la segunda planta.

3 Uso los verbos
Pongo el verbo en la forma correcta.

Yo _____ *(levantarse)* a las 7:30, _____ *(ducharse)* y _____ *(desayunar)* antes de ir al instituto.

4 Digo los horarios
Relaciono.

Tengo clase de español... **a.** ☐
Tengo Matemáticas de... **b.** ☐
La clase de Educación Física empieza a... **c.** ☐
Voy a clase de natación entre... **d.** ☐

☐ **1.** ... las 11:30.
☐ **2.** ... octubre y mayo.
☐ **3.** ... los lunes, martes y jueves.
☐ **4.** ... nueve a diez.

5 Hablo de mi familia
Completo con *ser*, *tener* o *llevar*.

Mi padre _____ 42 años, _____ médico y trabaja en el Hospital del Mar. _____ barba y bigote. _____ moreno y _____ el pelo corto. _____ muy simpático.

Reviso mis conocimientos

6 Recuerdo los muebles y los objetos
Clasifico estos objetos en cada habitación.

lavabo   microondas   cama   tostadora   toalla   sofá   alfombra   mesa

Cocina   **Cuarto de baño**   **Dormitorio**   **Salón**

7 Repaso el verbo gustar
Elijo la opción adecuada.

a. No me *gusta/gustan* el fútbol.

b. • Marta, ¿*te/os* gusta la paella?
• Sí, *me/le* encanta.

c. A mis padres les *gusta/gustan* las tapas.

d. A Mónica *le/se* gustan los libros de aventuras.

8 Practico las preposiciones
Completo con *a*, *en* o *con*.

Los sábados voy _____ la piscina _____ mi mejor amiga, que se llama Sandra. Vamos _____ metro o autobús.

9 Utilizo estar + gerundio
Transformo como en el ejemplo.

Yo bebo café. *Yo estoy bebiendo café.*

a. Vemos una película en el cine.

b. Estudian español en la biblioteca.

c. Escribo un *e-mail* a mi amiga.

d. ¿Hablas por teléfono?

10 Me acuerdo de la comida
Clasifico los alimentos en categorías.

yogur   hamburguesa   cebolla   atún   queso   manzana   fresa   salmón   tomate   jamón

VERDURA	CARNE	PESCADO

LÁCTEOS	FRUTA

11 Completo con los verbos
Pongo el verbo en la forma adecuada.

a. Mónica _____ *(querer)* ir a la fiesta.

b. Yo no _____ *(conocer)* España.

c. En el bocadillo siempre _____ *(poner, yo)* queso.

d. ¿_____ *(Poder, tú)* abrir la ventana?

Secuencia 2: Doy información personal

1 Me presento

Elijo cuatro de los seis temas de este esquema y preparo una presentación personal. Puedo responder a las preguntas de cada tema o escoger otras.

Mis datos personales
- ¿Cómo me llamo?
- ¿Cómo me apellido?
- ¿De dónde soy?
- ¿Dónde vivo?
- ¿Cuántos años tengo?
- ¿Cuándo es mi cumpleaños?

Mis aficiones
- ¿Cuáles son mis gustos?
- ¿Cuáles son mis pasiones?
- ¿A qué soy aficionado?
- ¿Qué cosas me gustan?

Mi familia
- ¿Cómo se llaman mis padres?
- ¿Tengo hermanos? ¿Cuántos?
- Presento a mis familiares (nombre y parentesco).
- Hablo de un familiar.

Mi entorno y mi hogar
- ¿Cómo es mi ciudad?
- ¿Cuáles son mis sitios favoritos en mi ciudad?
- ¿Cómo es mi casa?
- ¿Dónde vivo?
- ¿Cuál es mi sitio favorito en mi casa?

Mis amigos
- ¿Cómo se llaman?
- ¿Por qué los conozco?
- ¿Cómo son?
- ¿Cómo es mi mejor amigo?

Mis ídolos
- ¿Quiénes son?
- ¿Cómo son?
- ¿Por qué los admiro?

Comprendo un texto

Reviso mis conocimientos

1 Sé lo que dice un correo
Leo este correo electrónico y respondo a las preguntas.

Correo electrónico

▶ Enviar   ✎ Adjuntar   ✂ Descartar

Hola, Milena:

Tengo ya muchas ganas de conocerte. Estoy segura de que Colombia te va a gustar mucho y también sé que a mí me va a gustar muchísimo Italia. Es la primera vez que hago un intercambio de estudios y estoy muy nerviosa. Voy a intentar responder a tu pregunta en este correo.

Mi casa tiene tres habitaciones: la de mis padres, la de mi hermano mayor y la mía. Tú vas a dormir conmigo. Es una habitación muy grande, con dos camas. Hay un gran escritorio de color verde y dos sillas, una rosa y otra verde. Tengo un ordenador que puedes utilizar y una estantería con muchos libros, me gusta leer.

En la habitación hay un armario muy grande con espacio suficiente para las dos. Es de color verde y blanco. Por las fotos de tu último correo veo que más o menos tenemos la misma talla, así podemos cambiarnos la ropa. ¡Ah! Tengo un póster muy grande de mi cantante favorita, Shakira, que, ya sabes, es de aquí, de Barranquilla. ¿Quién es tu cantante favorito? Mi habitación me gusta mucho y también el salón, pero la parte de la casa que más me gusta es el jardín. ¿Por qué? Porque tiene una piscina muy grande. ¡Ah! También tengo dos perros y un gato, que forman parte de nuestra familia.

¡Tienes que probar la comida colombiana! Seguro que te van a gustar las arepas y el ajiaco.

Un fuerte abrazo y hasta muy pronto,

Carolina

1. Milena es...
   a. la mejor amiga de Carolina.
   b. una estudiante que todavía no conoce.
   c. una amiga italiana.

2. Carolina...
   a. no tiene hermanos.
   b. tiene un hermano.
   c. tiene muchos hermanos.

3. La parte de su casa que más le gusta a Carolina es...
   a. su habitación.
   b. el salón.
   c. el jardín.

4. En la habitación de Carolina...
   a. pueden estudiar las dos en el escritorio.
   b. hay un armario para cada una.
   c. no hay muchos libros.

5. Carolina...
   a. puede compartir su ropa con Milena.
   b. envía fotos a Milena.
   c. tiene mucha ropa.

6. A Carolina...
   a. no le gustan los animales.
   b. le gustan los animales en casa.
   c. solo le gustan los perros.

7. Shakira...
   a. Es de la ciudad donde vive Milena.
   b. Es de la ciudad donde vive Carolina.
   c. Es la cantante preferida de Milena.

Secuencia 4 — Reviso mis conocimientos

1. El mapa de España
Observo el mapa de España y leo la información.

España es un país que forma parte de la Unión Europea y está al sur de Europa, junto a Portugal. Tiene 17 comunidades autónomas. Su capital es Madrid. El español o castellano es la lengua oficial de España. En España también son lenguas oficiales el catalán, el gallego y el euskera. Está entre el mar Mediterráneo, el océano Atlántico y el mar Cantábrico.

2. La información
Observo el mapa y respondo a estas preguntas.

1. ¿Qué comunidad tiene más provincias?
2. ¿Qué comunidades tienen solo una provincia?
3. ¿Qué comunidades tienen mar?
4. ¿Qué países tienen frontera con España?
5. ¿Qué ciudad tiene nombre de animal?
6. Hay dos ciudades que se escriben igual, excepto la primera letra, ¿cuáles son?
7. ¿Cuántas lenguas hay en España? ¿Cuáles?

Reviso mis conocimientos

3 Monumentos de España
Me fijo en el mapa, identifico la ciudad y completo el nombre.

- El Palacio Real de M............d

- Las Casas Colgadas de C............ca

- La Alhambra de G........n....d.....

- La Sagrada Familia de B.....rc............a

- La catedral de S........ti....g.... de Compostela

- El acueducto de S.....g....v........

- El Teatro Romano de Mé.....id.....

4 Denominación de origen
Leo, relaciono y escribo un número en cada foto.

a. Los churros son típicos de la capital de España.
b. Al sur de Aragón tienen la mejor paella.
c. El oeste es tierra de jamón.
d. Las tierras del sur tienen olivos.
e. Las islas tienen una fruta típica.
f. En el centro de España tienen un buen queso.

1. Madrid
2. Canarias
3. Extremadura
4. Andalucía
5. Castilla-La Mancha
6. Valencia

Unidad 1
Vuelvo al cole

¿Qué tal las vacaciones?

👁 Leo estos tres diálogos cortos y relaciono cada uno con su foto. Luego, actúo con mis compañeros.

- ¡Otra vez juntos! ¿Qué tal?
- Bien. El verano, en casa de mis abuelos, en la piscina.
- ¡Qué bien!

- ¡Hola, Mateo! ¿Qué tal estás? ¿Qué tal el verano?
- Hola, Ana. Muy bien. En la playa, con mi familia.

- Y tú, ¿cómo estás? ¿Qué tal las vacaciones?
- Pues en las montañas, de camping. Y tú, ¿qué tal?

Competencias del Siglo XXI

💭 **Maneras de pensar: aprender de acuerdo con las necesidades e intereses propios**

Reflexiono y completo el esquema, explicando qué me interesa de cada asignatura.

	Matemáticas...	
	Ciencias de la Naturaleza...	
De...	Historia...	me interesa(n)...
	Español...	que puedo comunicarme con amigos españoles.
	Educación Física...	

BNCC

Hola, ¿cómo estás? ¿Qué tal las vacaciones?

Contenido virtual

Mateo

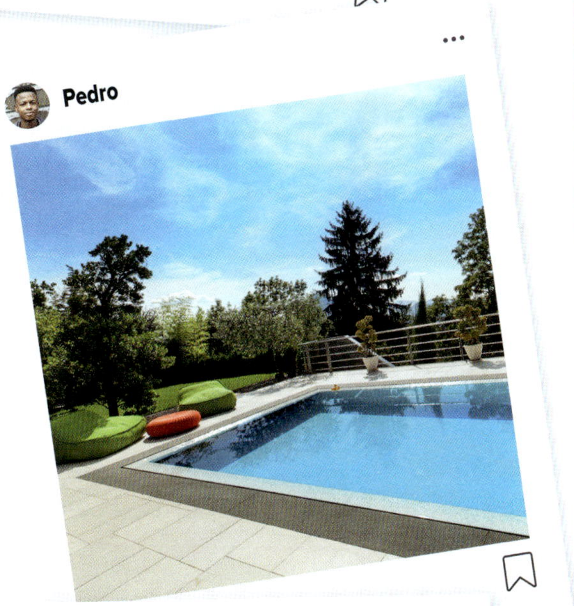

Pedro

Ana

En esta unidad...

1. Saludo a mis compañeros
2. Hago nuevos amigos
3. Hablo de mi rutina
4. Explico mis horarios
5. Digo el horario de la clase de español
6. Presento mis propósitos para el año

...aprendo...

- Los verbos regulares e irregulares en presente: *empezar, merendar, acostarse, volver, dormir, pedir, jugar*
- Los verbos reflexivos: *despedirse, acostarse...*
- El verbo *gustar*
- Los verbos *ir a, tener que, querer* y *poder* con infinitivo
- La información personal: *nombre, apellidos, nacionalidad, edad...*
- Los verbos de acción cotidiana: *levantarse, ducharse, desayunar...*
- Las horas
- Las asignaturas y los días de la semana

...para realizar...

Nuestro proyecto

Describo monumentos

Pág. 22

once 11

Secuencia 1: Saludo a mis compañeros

1. Recuerdo los saludos
Leo. Luego, saludo o me despido correctamente.

COSTUMBRES ARGENTINAS

Es de buena educación saludar cuando se entra en un lugar (una habitación, un ascensor...), o despedirse de las personas, conocidas o desconocidas. Por la mañana, los argentinos dicen: «Hola, buen día», cuando se despiertan, u «Hola, ¿qué tal?», cuando llegan al colegio o cuando entran en una tienda. Así, hasta la hora de comer. Comen entre las 12:00 y las 13:00. Por la tarde, después de almorzar, dicen: «Buenas tardes», para saludar o para despedirse hasta que es de noche y cenan, a las 21:00 o 21:30. Entonces dicen: «Buenas noches». También se dice «Buenas noches» antes de dormir. Para despedirse de personas conocidas, dicen sobre todo: «Chau», «Adiós» o «Hasta mañana», depende de la situación. Para despedirse de personas desconocidas, dicen: «Adiós, buenos días» o «Adiós, buenas tardes», según la hora.

Llego al instituto y veo a una profesora.

Al terminar un partido de tenis.

A las 11:00 entro en el ascensor y hay una vecina.

¿Y cuando es de noche y me voy a dormir?

2. Me acuerdo de las presentaciones

a. Observo y completo la explicación.

Pedir y dar información personal

¿Cómo te llamas?	¿De dónde + ser?	¿Cuántos años + ...?
.... + nombre	Soy + nacionalidad	Tengo + edad

b. Completo y ordeno el diálogo.

- ☐ • Soy de Argentina. Es mi primer curso en España.
- ☐ • Sí, soy de Málaga.
- ☐ • ¡Sí! ¿Tú eres española?
- ☐ • Hola. Sí, soy nuevo.
- ☐ • Yo soy Patricia. ¿......................... eres?
- ☐ • .... Ramón, ¿y tú?
- ☐ • ¿Cómo .... ?
- ☐ • Hola, ¿eres nuevo en el colegio?
- ☐ • ¡Oh, eres argentino, como Messi!

3. Hablo con un compañero
Ahora, hago un diálogo similar.

Yo tengo trece años, ¿cuántos años tienes tú?

Secuencia 2: Hago nuevos amigos

Vuelvo al cole 1

1. Comprendo unas presentaciones
Escucho y completo las fichas de los nuevos estudiantes de la clase.

Ficha de clase
- NOMBRE: ....
- APELLIDOS: Gómez
- CUMPLEAÑOS: 30 de diciembre
- NACIONALIDAD: Argentina
- AFICIONES: ....

Ficha de clase
- NOMBRE: Mateo
- APELLIDOS: ....
- CUMPLEAÑOS: 9 de abril
- NACIONALIDAD: Argentino
- AFICIONES: Fútbol

Ficha de clase
- NOMBRE: ....
- APELLIDOS: Hoyos
- CUMPLEAÑOS: ....
- NACIONALIDAD: Boliviano
- AFICIONES: Música

Ficha de clase
- NOMBRE: Mónica
- APELLIDOS: ....
- CUMPLEAÑOS: 2 de octubre
- NACIONALIDAD: Mexicana
- AFICIONES: ....

2. Recuerdo el verbo *gustar*
Completo el cuadro y escribo tres frases con el verbo *gustar*.

Hablar de gustos y aficiones

(A mí)		
	te	
(A él/ella/usted)	le	**gusta** + afición
(A nosotros/as)		**gustan** + aficiones
	os	
(A ellos/as, ustedes)	les	

3. Me presento
Ahora, me presento, escucho a mis compañeros y completo en el cuaderno los datos de la clase.

1. Las tres aficiones favoritas de la clase.
2. ¿Cuántos compañeros cumplen años este mes?
3. ¿Cuántas nacionalidades diferentes hay en la clase?

Secuencia 3: Hablo de mi rutina

1. Recuerdo los verbos de actividad cotidiana
Relaciono las frases con las imágenes.

1. Me levanto a las siete de la mañana. ○
2. Me ducho. ○
3. Desayuno un vaso de leche y galletas. ○
4. Me lavo los dientes. ○
5. Me peino. ○
6. Voy al colegio a pie. ○
7. Hago los deberes y estudio en mi casa. ○
8. Veo la tele y descanso. ○
9. Ceno. Me gustan los espaguetis. ○
10. Me acuesto a las once de la noche. ○

2. Repaso los verbos en presente
Copio en mi cuaderno y completo.

Verbos regulares	hablar	comer	vivir
(yo)		como	
(tú)	hablas		
(él, ella, usted)			vive
(nosotros, nosotras)		comemos	
(vosotros, vosotras)	habláis	coméis	vivís
(ellos, ellas, ustedes)	hablan		

3. Hablo de una rutina muy extraña

a. Copio en mi cuaderno y completo la rutina de Alonso Quijano.

Alonso _____ *(levantarse)* a las 7:30. _____ *(Lavarse)* los dientes y a las 7:40 _____ *(cenar)* pasta con tomate. Tiene el pelo muy corto y no _____ *(peinarse)* nunca. Después, _____ *(montar)* a caballo para ir al instituto, que está muy cerca de su casa. En clase, _____ *(ver)* la tele. Por la tarde, _____ *(estudiar)*, _____ *(leer)* en la ducha, _____ *(desayunar)* a las 21:00 y, después, se _____ *(ir)* a la cama.

b. La rutina de Alonso es muy extraña, ¿verdad? Le ayudo a tener una rutina más adecuada.

> A las 7:40 desayuna leche y galletas.

Secuencia 4 — Explico mis horarios

Vuelvo al cole 1

1 Comprendo la información importante

Leo las tres adivinanzas y deduzco las respuestas.

1. ¿A qué hora vuelven Pedro y su hermana a casa?
2. ¿Mateo y su hermana empiezan las clases a la misma hora?
3. ¿A qué hora empiezan a trabajar sus padres?
4. ¿A qué hora vuelven a casa Ana y sus hermanos?
5. ¿A qué hora merienda Ana?
6. ¿Qué piden los tres hermanos para merendar?

Pedro
Soy Pedro. Mis papás vuelven del trabajo a las tres de la tarde, pero yo vuelvo de la escuela media hora antes que mi hermana y ella vuelve una hora después que ellos.

Mateo
Soy Mateo y empiezo mis clases a las ocho y veinte de la mañana. Mis padres empiezan a trabajar veinte minutos antes y mi hermana empieza el instituto veinte minutos después que ellos.

Ana
Soy Ana y siempre pido para merendar pan con crema de chocolate. Mis hermanos también lo piden y nos lo comemos tres horas después de comer. Mis hermanos y yo volvemos a casa del instituto media hora después de las dos y media, para comer.

2 Repaso los verbos irregulares

Copio en mi cuaderno y completo con los verbos que están en los textos.

Verbos irregulares (1)

	e > ie	o > ue	e > i
(yo)			
(tú)	empiezas	vuelves	pides
(él, ella, usted)			pide
(nosotros, nosotras)	empezamos		pedimos
(vosotros, vosotras)	empezáis	volvéis	pedís
(ellos, ellas, ustedes)			

3 Marco la hora

Elijo tres de estas preguntas, escribo dos preguntas más y se las hago a uno de mis compañeros. Dibujo las horas que me dice en los relojes.

 ¿A qué hora te levantas?

 ¿A qué hora te acuestas los fines de semana?

 ¿A qué hora terminan tus padres de trabajar?

¿A qué hora empieza tu serie favorita?

 ¿A qué hora comes?

Secuencia 5 — Digo el horario de la clase de español

1. Repaso los nombres de las asignaturas del curso

a. Ana cuenta su nueva rutina en un instituto en España. Lo completo con los verbos en la forma correcta y añado las asignaturas que faltan. Luego, respondo a las preguntas.

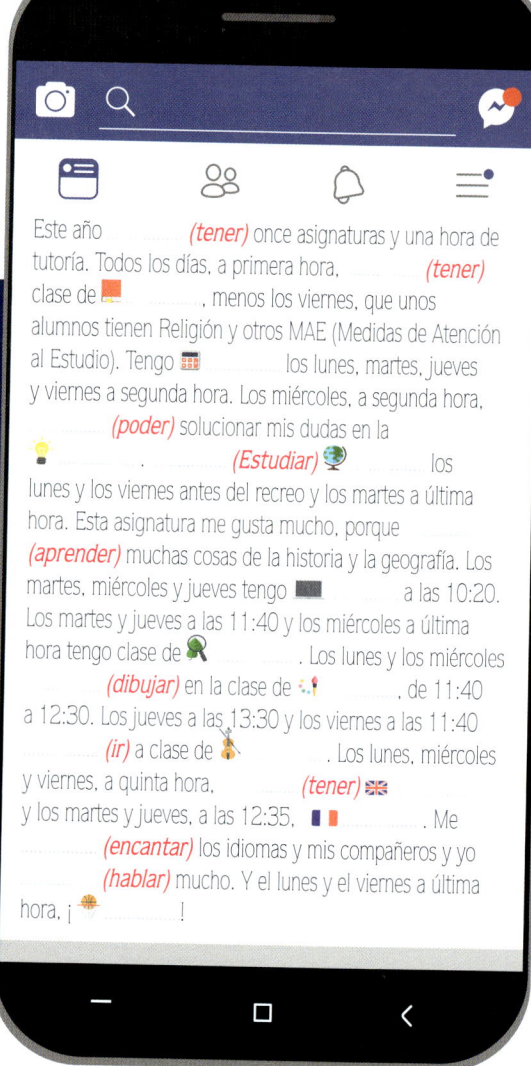

Este año _____ *(tener)* once asignaturas y una hora de tutoría. Todos los días, a primera hora, _____ *(tener)* clase de 🟥_____, menos los viernes, que unos alumnos tienen Religión y otros MAE (Medidas de Atención al Estudio). Tengo 🗓️ _____ los lunes, martes, jueves y viernes a segunda hora. Los miércoles, a segunda hora, _____ *(poder)* solucionar mis dudas en la 💡_____. _____ *(Estudiar)* 🌍 _____ los lunes y los viernes antes del recreo y los martes a última hora. Esta asignatura me gusta mucho, porque _____ *(aprender)* muchas cosas de la historia y la geografía. Los martes, miércoles y jueves tengo ▬ a las 10:20. Los martes y jueves a las 11:40 y los miércoles a última hora tengo clase de 🔎 _____. Los lunes y los miércoles _____ *(dibujar)* en la clase de 🎨 _____, de 11:40 a 12:30. Los jueves a las 13:30 y los viernes a las 11:40 _____ *(ir)* a clase de 🎻 _____. Los lunes, miércoles y viernes, a quinta hora, _____ *(tener)* 🇬🇧 y los martes y jueves, a las 12:35, 🇫🇷 _____. Me _____ *(encantar)* los idiomas y mis compañeros y yo _____ *(hablar)* mucho. Y el lunes y el viernes a última hora, ¡ 🌞 _____ !

1. ¿Cuáles son sus asignaturas preferidas?
2. ¿Cuántas asignaturas tiene?
3. ¿En qué asignatura aprende geografía e historia?
4. ¿En qué asignaturas hablan mucho en clase?

b. Ahora completo el horario de clase con la información del móvil de Ana.

2. Cuento mi horario de clase
Confecciono mi horario de clases en español.

Mi horario de clase EN ESPAÑOL

Hora	Lunes	Martes	Miércoles	Jueves	Viernes

NOTAS

Secuencia 6 — Presento mis propósitos para el año

1. Comprendo los buenos propósitos para este año

Leo estas listas de propósitos y digo si las afirmaciones son verdaderas o falsas.

Propósitos de Ana
1. Tengo que estudiar todos los días.
2. Tengo que repasar diariamente los apuntes.
3. Quiero hacer deporte dos veces por semana.
4. Voy a leer todas las noches.
5. Los fines de semana quiero ser voluntaria en una ONG (Organización No Gubernamental).
6. Voy a aprobar todas las asignaturas.

Propósitos de Mateo
1. Tengo que leer un libro cada dos meses.
2. Quiero aprender a jugar al ajedrez.
3. Voy a jugar al baloncesto todos los sábados.
4. Quiero ayudar a mis compañeros con las matemáticas.
5. Tengo que estudiar más que el año anterior.
6. Voy a ordenar mi habitación.

V F
- ☐ ☐ Ana va a estudiar a diario.
- ☐ ☐ Mateo va a leer dos libros todos los meses.
- ☐ ☐ Ana va a repasar sus apuntes todos los días.
- ☐ ☐ Mateo quiere aprender a jugar a un juego de mesa.

V F
- ☐ ☐ Ana quiere quedar con sus amigos durante la semana.
- ☐ ☐ Mateo va a jugar al baloncesto los fines de semana.
- ☐ ☐ Ana no va a suspender ninguna asignatura.
- ☐ ☐ Mateo va a estudiar más que el año anterior.

2. Conozco las expresiones con infinitivo

Observo la explicación y completo los diálogos en mi cuaderno.

Expresiones con infinitivo

Hacer planes **Ir a...**	Expresar deseo **Querer...**
Mañana voy a ir al cine con mis amigos.	Quiero aprobar todas las asignaturas.
Expresar obligación **Tener que...**	Pedir permiso **Poder...**
Tengo que estudiar más que el anterior.	¿Podemos usar el diccionario?

1. • Mamá, ¿............ ir a casa de Raquel?
   • Pero si .... estudiar para el examen de mañana.
   • Sí, pero es que .... pedirle los apuntes de Música. Solo va a ser un momentito.

2. • Profe, ¿............ usar un lápiz en el examen?
   • No, ... escribir con bolígrafo azul.
   • Entonces .... buscar el boli de mi mochila.

3. • Este fin de semana .... ir al cine con mis amigos. ¿............ venir?
   • Pero antes .... terminar el trabajo de Lengua.
   • Pero .... hacer el trabajo el domingo por la mañana.

3. Escribo mis propósitos

Ahora, escribo mi lista de propósitos para este año y la comparo con la de mi compañero.

Gramática

1 Presente regular e irregular

a Observo el cuadro y busco otro verbo similar en la unidad por cada columna.

Verbos regulares

	hablar -ar	comer -er	vivir -ir
(yo)	hablo	como	vivo
(tú)	hablas	comes	vives
(él, ella, usted)	habla	come	vive
(nosotros, nosotras)	hablamos	comemos	vivimos
(vosotros, vosotras)	habláis	coméis	vivís
(ellos, ellas, ustedes)	hablan	comen	viven

Verbos irregulares (1)

	ir	tener	empezar e > ie	volver o > ue	pedir e > i
(yo)	voy	tengo	empiezo	vuelvo	pido
(tú)	vas	tienes	empiezas	vuelves	pides
(él, ella, usted)	va	tiene	empieza	vuelve	pide
(nosotros, nosotras)	vamos	tenemos	empezamos	volvemos	pedimos
(vosotros, vosotras)	vais	tenéis	empezáis	volvéis	pedís
(ellos, ellas, ustedes)	van	tienen	empiezan	vuelven	piden

b Copio en mi cuaderno y completo con el verbo en la forma adecuada.

Todos los días me _____ *(despertarse)* a las 7:15, porque las clases _____ *(empezar)* a las 8:30, y _____ *(subir)* al autobús a las 8:15. _____ *(Tener)* clase desde las 8:30 hasta las 14:40 y _____ *(volver)* a mi casa a las 15:00 para comer. Por las tardes, _____ *(hacer)* los deberes en mi casa o _____ *(ir)* a la biblioteca de mi barrio. Tres días por semana _____ *(entrenar)* con mi equipo de baloncesto y los fines de semana _____ *(jugar)* un partido en mi colegio o en otros colegios de la ciudad.

Normalmente me _____ *(acostarse)* a las 23:00 y _____ *(dormir)* ocho horas, pero los fines de semana _____ *(dormir)* mucho más. Me _____ *(gustar)* mucho leer y, siempre que _____ *(tener)* tiempo libre, _____ *(leer)* libros o cómics.

2 El verbo *gustar*

a Observo el cuadro y escribo dos ejemplos con *gusta* y con distintos pronombres y otros dos con *gustan*.

Gustar

(yo)	(A mí)	me	**gusta** + sustantivo singular / verbo
(tú)	(A ti)	te	
(él, ella, usted)	(A él/ella/usted)	le	
(nosotros, nosotras)	(A nosotros/as)	nos	
(vosotros, vosotras)	(A vosotros/as)	os	**gustan** + sustantivo plural
(ellos, ellas, ustedes)	(A ellos/as, ustedes)	les	

Vuelvo al cole 1

b Relaciono.

1. A mi hermano y a mí nos gusta
2. Me gustan muchísimo
3. No me gusta
4. ¿Os gusta
5. ¿Os gustan
6. A mis padres
7. Me gusta mucho
8. A mi hermano pequeño

a. las películas de miedo.
b. les gusta mucho la naturaleza.
c. le gusta bastante leer.
d. ir a la playa en verano.
e. nada la gente intolerante.
f. la paella?
g. mucho la Navidad.
h. los espaguetis carbonara?

3 Expresiones con infinitivo

Contenido virtual

a Escribo un ejemplo para cada expresión.

Hacer planes	Ir a
Expresar obligación	Tener que
Expresar deseo	Querer
Pedir permiso	Poder

+ infinitivo

b Elijo una opción, copio las frases en mi cuaderno y pongo la forma adecuada del verbo.

1. Voy a tomar un refresco, ¿tú *querer/tener que* _____ tomar otro?
2. Voy a la papelería, porque *poder/tener que* _____ comprar un cuaderno.
3. ¿Me ayudas? Es que no *querer/poder* _____ abrir esto.
4. Tengo mucha sed, *ir a/querer* _____ beber agua.
5. Ahora vuelvo, *ir a/poder* _____ llamar por teléfono.
6. Hace frío, *ir a/poder* _____ tomar un chocolate caliente.
7. Tengo problemas con Matemáticas, *tener que/querer* _____ estudiar más.
8. Para Educación Física *poder/tener que* _____ correr 100 metros en menos de 15 segundos.

Secuencia final
Vecinos de América

Durante mis vacaciones de verano, hice un viaje por España y los vecinos de América me preguntan por él. Acá les voy a contar algunas curiosidades.

Entro en el grupo de chat

Leo el chat y me informo de un monumento en España.

Brasil

Yo
¡Hola, amigos! Estoy de vuelta y empiezan las clases otra vez.

Perú

Alejandro
¿Qué tal tu viaje a España?

Brasil

Yo
¡Ay, mi viaje a España…! ¿Qué puedo decir? ¡Fantástico! Voy a subir unas fotos.

Bolivia

Martina
Sí, queremos ver fotos y conocer lugares turísticos: museos, monumentos, parques…

Brasil

Yo
Estoy subiendo unas fotos y voy a contarles una historia ahora. Un día, estoy con mi tío en Madrid y, de repente, veo un monumento dedicado a Miguel de Cervantes, el tema de mi trabajo de español del año pasado. Y allá están don Quijote, sobre su caballo Rocinante, y Sancho Panza, sobre el burro. ¡Menuda sorpresa! Y en ese momento pienso en ustedes…

Perú

Alejandro
¡¿En nosotros?! ¿Por qué?

Brasil

Yo
Esperen, ya les cuento. Resulta que mi tío me dice que el monumento se construye gracias a las donaciones de todos los países hispanohablantes, como Uruguay, Bolivia, Perú…

Bolivia

Martina
América está presente en la Plaza de España de Madrid. ¡Qué bacán!

Vuelvo al cole 1

Brasil

Yo ....
Sí, pero no solo por las donaciones, sino también por algo muy creativo y es que, cuando miro a lo alto del monumento, veo una bola y cinco mujeres. Entonces, le pregunto qué es aquello y mi tío me dice que representan los cinco continentes, miren la foto.

Perú

Alejandro
¿Una bola? Y yo ya pensando en el fútbol, pero hay dos mujeres mirando un libro, ¿quiénes son?, ¿qué libro es?

Brasil

Yo ....
Pues una es Europa, que le enseña el *Quijote* a otra, que es América. ¿Y saben qué representa esa escena?

Bolivia

Martina
Tal vez… ¿la llegada de la lengua española a América?

Brasil

Yo ....
¡Síííí! Y cómo no acordarme de ustedes en ese momento…

Uruguay

Nicolás
A mí esa estatua con don Quijote y Sancho me es muy familiar, pero no es esa de Madrid, es una parecida y no está acá en Uruguay… ¿Saben en qué país puede estar?

¿Dónde puede estar la estatua?

Investigo sobre los datos que faltan para ayudar a Nicolás a encontrar el Monumento a Cervantes de América y completo el cuadro.

Nombre	País/Ciudad	Fecha de inauguración	El motivo de la construcción	Localización en la ciudad	Personajes presentes en el monumento	Representación de los cinco continentes
Monumento a Cervantes, en Madrid	España/Madrid	1929	Los 300 años de la muerte de Miguel de Cervantes, autor del *Quijote*	Plaza de España	Don Quijote, Sancho, Dulcinea, Rocinante y Rucio, entre otros	Cinco mujeres que están leyendo alrededor de una bola del mundo
Monumento a Cervantes, en América						

Nuestro proyecto
Describo monumentos

Conecto con Arte

1 Datos de México

👁 Leo la información y completo la ficha.

México 🇲🇽
- Capital: ....
- Número de habitantes: ....
- Lengua oficial: ....
- Colores de la bandera: ....
- Número de estados: ....
- Fiesta nacional: ....
- Moneda: ....

México, mi país, está en América del Norte y su capital es Ciudad de México. Es el tercer país más grande de América Latina y el undécimo país más poblado del mundo. La mayoría de sus habitantes, más de 120 millones de personas, tenemos como lengua materna el español, que es la lengua nacional, pero también se hablan otras lenguas, como el náhuatl, por ejemplo. Nuestra bandera está dividida en tres partes iguales, cada una de un color distinto: verde, blanco y rojo, con el escudo de armas de México en el centro de la franja blanca. El país está organizado en 32 estados federales. Nuestra fiesta nacional es el 16 de septiembre y la moneda es el peso mexicano.

Vuelvo al cole 1

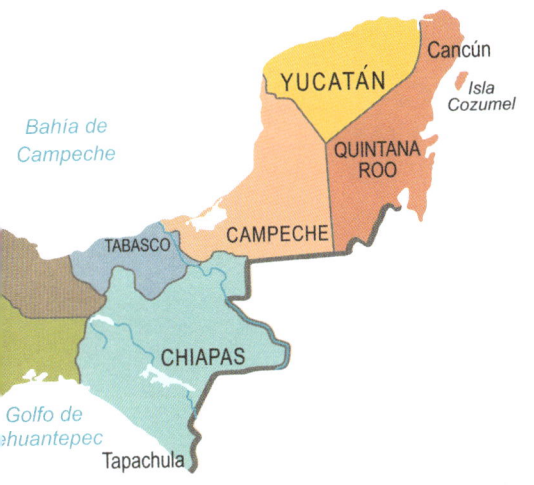

2 Monumentos de México

Escucho y señalo: ¿verdadero (V) o falso (F)? Luego, identifico y escribo debajo de la foto el nombre del monumento.

V F
- ☐ ☐ La fuente del Museo de Antropología tiene forma de paraguas.
- ☐ ☐ El Ángel de la Independencia lleva en la cabeza una corona.
- ☐ ☐ Se llama Plaza de la Constitución en honor a la Constitución de Cádiz.
- ☐ ☐ El Templo de Kukulkán tiene forma circular.
- ☐ ☐ El Cristo de las Noas es el más grande de Latinoamérica.
- ☐ ☐ La Torre Mayor es un templo maya de la capital.

3 Un lugar especial

Leo el texto, elijo las opciones correctas y conozco un lugar especial de México.

Contenido virtual

La **calle/plaza** de la Constitución es el centro histórico de la Ciudad de México. Conocida popularmente como el Zócalo, es un gran espacio casi **rectangular/redondo** (es una de las plazas más grandes del mundo) en el que **están/hay** la Catedral Metropolitana, el Palacio Nacional y el antiguo Palacio del Ayuntamiento. Muy cerca **están/hay** restos de la **antigua/moderna** ciudad azteca de Tenochtitlán, como la Pirámide Mayor. También **están/hay** cerca casas y calles coloniales.

4 Ahora nosotros

Buscamos información sobre tres monumentos de nuestro país u otro que elegimos en Internet y preparamos una presentación sobre ellos.

BNCC

Accedo a...

Cuaderno de ejercicios

Secuencia 1 — Saludo a mis compañeros

A. Los saludos y las despedidas
Completo los diálogos con estas expresiones.

Buenas noches - Hola - Buenas tardes - hasta mañana - Buenos días

A las 9:00

A las 16:00

A las 22:00

- • _____, Carmen.
- • _____, Pablo. ¿Qué tal?
- • Bien, gracias.

- • _____, profe.
- • Hola, chicos. ¿Qué tal estáis?
- • Bien, bien.

- • Tengo sueño, voy a dormir. ¡Adiós, _____!
- • _____.

B. Pedir y dar información personal
Escribo las preguntas.

1. • ¿_____?
   • Soy de Buenos Aires.

2. • ¿_____?
   • Yo me llamo Raúl y ella se llama Paula.

3. • ¿_____?
   • Soy colombiano, ¿y tú?

4. • ¿_____?
   • Mis dos hermanas tienen 12 años.

Barrio de La Boca (Buenos Aires, Argentina)

Secuencia 2 — Hago nuevos amigos

A Mi presentación
Completo esta ficha con mis datos.

B Expresar gustos (1)
Elijo la opción adecuada.

1. A Paula *le/se* gusta bailar.
2. ¿A vosotros os *gusta/gustan* el fútbol?
3. A mis padres *le/les* gustan los animales.
4. A nosotros *nos/os* gusta mucho la clase de español.
5. A mí me *gusta/gustan* este libro de cuentos fantásticos.
6. ¿*Le/Te* gustan las películas de terror, Jaime?
7. A mi hermano le *gusta/gustan* todos los deportes.
8. A ellos no *les/se* gusta este videojuego, es muy aburrido.

C Expresar gustos (2)
Escribo cuatro cosas que me gustan y cuatro cosas que no me gustan.

Secuencia 3 — Hablo de mi rutina

A El presente regular
Escribo el verbo en presente.

1. Nosotros .... *(caminar)* todos los días 15 minutos para ir al colegio.
2. Mi padre no .... *(comer)* en casa porque .... *(trabajar)* hasta tarde.
3. Yo .... *(vivir)* en una calle cerca de la parada de autobús.
4. Mi familia .... *(cenar)* a las 21:00 o 21:30.
5. Mi hermana .... *(escribir)* un diario.
6. Por las tardes, yo .... *(estudiar)* dos horas y luego .... *(descansar)*.
7. ¿Qué .... *(desayunar, tú)* normalmente?
8. En el recreo mis compañeros .... *(comer)* un bocadillo o fruta.

B Los verbos reflexivos
Completo el texto con la forma adecuada.

Todos los días .... *(levantarse, yo)* a las 7:30 de la mañana y, antes de desayunar, ... *(ducharse, yo)*. Mi hermana siempre .... *(ducharse)* antes que yo. Después, ... *(lavarse, nosotros)* los dientes y .... *(peinarse, nosotros)*. A las 8:15 papá nos lleva al cole. Por la tarde hacemos los deberes y jugamos un poco. .... *(Acostarse, nosotros)* a las 22:30 de la noche.

Secuencia 4 — Explico mis horarios

A El presente irregular
Clasifico los verbos en la tabla. Luego, elijo cuatro verbos y escribo cuatro oraciones.

p**e**nsar - j**u**gar - qu**e**rer - v**o**lar - p**e**dir - pref**e**rir - d**o**rmir - emp**e**zar

e > ie	o/u > ue	e > i

1. ....
2. ....
3. ....
4. ....

cuencia 5

Digo el horario de la clase de español

A La hora

Escucho y respondo. 3

1. ¿A qué hora se levanta a diario Marta? ¿Y los fines de semana?

2. ¿A qué hora se acuesta los fines de semana?

3. ¿A qué hora come de lunes a viernes? ¿Y los fines de semana?

4. Los domingos, ¿qué hace después de comer?

5. ¿A qué hora cena todos los días?

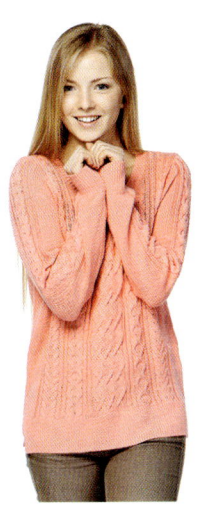

B Las asignaturas

Observo y escribo el nombre de las asignaturas.

1. C .... N ....

2. ....

3. ....

4. ....

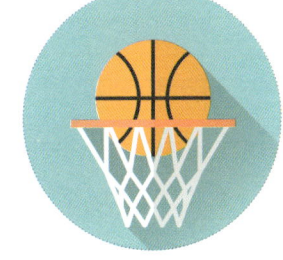

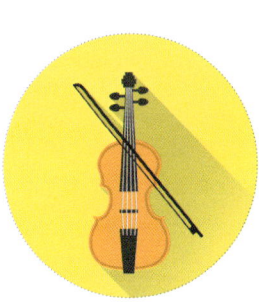

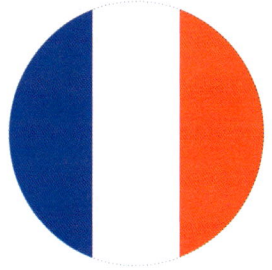

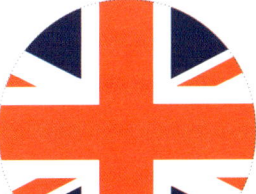

5. ....

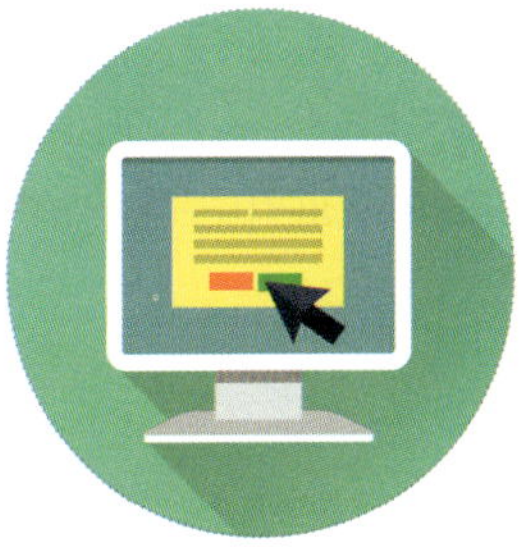

6. T ....

7. ....

8. ....

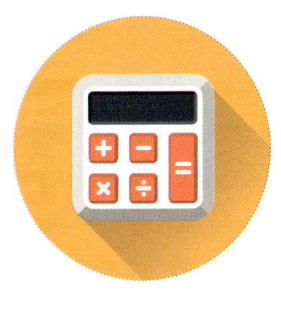

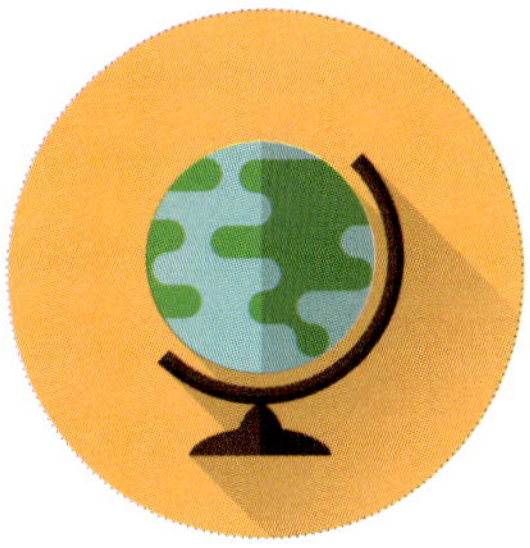

9. C .... S ....

10. L ....

El material escolar

Relaciono las imágenes con los nombres. ¿En qué asignatura los utilizo?

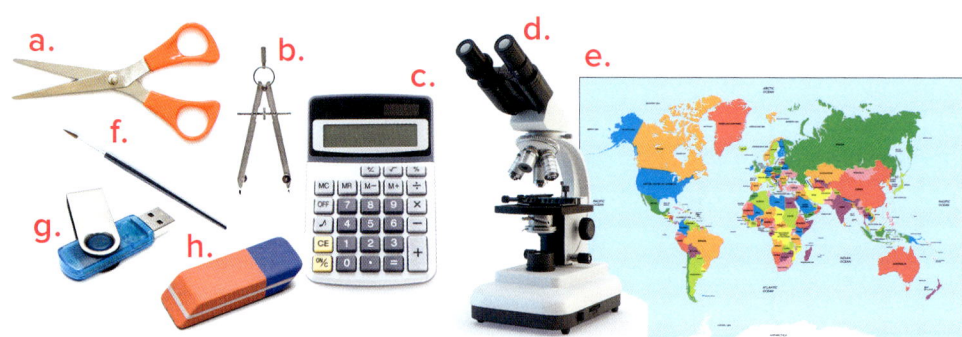

1. el compás ○
2. las tijeras ○
3. el pincel ○
4. el microscopio ○
5. la calculadora ○
6. el mapa ○
7. la memoria USB ○
8. la goma ○

Secuencia 6 — Presento mis propósitos para el año

A Las expresiones verbales (1)

Completo con estas expresiones verbales en la forma correcta.

ir a – tener que – querer – poder

1. El próximo año .... ir de vacaciones a Madrid con mi familia.
2. .... estudiar más o no vas a aprobar el examen.
3. No .... hacer este ejercicio, no lo entiendo.
4. Mi hermana y yo .... plantar un árbol este fin de semana.
5. Nosotros .... viajar por todo el mundo.
6. Pedro, ... ir al dentista mañana, no puedes esperar más.
7. No .... ir con vosotros al cine el domingo.
8. Mis padres y yo .... hacer un viaje por España.

B Las expresiones verbales (2)

Completo con una de las siguientes expresiones verbales y con un verbo.

ir a – tener que – poder   ir – comer – cerrar – dejarle – estudiar – hablar

1. Si quiero aprobar todas las asignaturas, ... más.
2. ¿............... (tú) la ventana, por favor? Tengo frío.
3. .... (yo) al médico hoy.
4. .... (vosotros) fruta todos los días.
5. ¿............... (tú) a Pablo una regla para la clase de Tecnología, por favor?
6. .... (yo) con el profe de Matemáticas, porque no estoy de acuerdo con la nota.

DELE ESCOLAR A2

Comprensión de lectura

Voy a leer cuatro textos, incluido el ejemplo, en los que unos chicos hablan de sus gustos y rutinas. Relaciono cada chico (1-3) con un anuncio de la revista (A-F). Hay seis anuncios, incluido el ejemplo. Tengo que seleccionar tres.

| 0. Martina | C | 1. Gonzalo | | 2. Candela | | 3. Rodrigo | |

0. MARTINA
Me gusta mucho andar, los viernes voy al pueblo de mis abuelos y allí ando dos horas por el bosque con mi amiga Irene. Me encanta la naturaleza.

1. GONZALO
Tengo 13 años y me encanta la fotografía. Los fines de semana voy a mis lugares preferidos de Madrid y hago fotos. Cuando tenemos una fiesta familiar, llevo mi cámara.

2. CANDELA
Me encanta leer. Todas las noches leo. Lo que más me gusta es leer poemas. Mi autor preferido es Antonio Machado. Lo conozco gracias a mi profesora de Literatura Española.

3. RODRIGO
Mis padres son cocineros. Los fines de semana siempre me enseñan a hacer algún dulce nuevo. Ahora estoy aprendiendo a hacer magdalenas. ¡Me gustan mucho!

Agenda de actividades

A. Galería Fotoart
Si quieres pasar un buen rato y te interesa todo lo relacionado con lo visual, te invitamos el próximo domingo a la exposición de imágenes que tiene este título: *Animales salvajes*. Entrada gratuita para menores de catorce años.

B. Concurso de pasteles
El próximo mes de abril se celebra en el comedor del colegio el séptimo concurso de repostería escolar: *Con las manos en la masa*. Si te gusta hacer tartas y pasteles, este es tu concurso. ¡Te esperamos!

C. Rutas campestres
Ofrece excursiones organizadas los sábados por la mañana y por la tarde. Si te gusta caminar, reserva una excursión con nosotros en rutascampestres.com. Precio: 10 euros. No olvides traer tu bocadillo. Vamos a ver el sol entre las montañas.

D. Academia Carlos Gardel
La academia de baile Carlos Gardel ofrece un curso de tango. El profesor es el famoso argentino Mateo Filipi. Si tienes entre 8 y 14 años, puedes inscribirte. Clases: martes, jueves y viernes de 18:00 a 19:00.

E. Exposición de fotografía para adultos
En la Galería Trípode este sábado hay una nueva exposición: *En guerra*. Si te gustan las fotos, no puedes perderte esta exposición. No recomendado para menores de 16 años. Precio: 18 euros. Cada tres entradas, la cuarta sale gratis.

F. Recital de poesía
Este recital está organizado por la biblioteca pública municipal. Los profesores y los niños del colegio Federico García Lorca leen diferentes poemas de escritores españoles y latinoamericanos el sábado por la tarde. Reserva tu plaza porque el espacio es limitado.

Unidad 2

Elijo bien mi comida

Descubro platos riquísimos

👁 Leo y descubro los platos favoritos de Nico. Observo los ingredientes y los relaciono con las fotos. ¿Te apetece probarlos?

El ceviche
- el pescado o las gambas
- la cebolla roja
- el maíz o aguacate
- el zumo o jugo de lima

La paella
- el arroz
- el azafrán
- el pollo
- las verduras

Los fajitas
- la tortita
- la cebolla
- el pimiento
- el pollo

El dulce de leche
- la leche
- el azúcar

Competencias del Siglo XXI

 Maneras de vivir el mundo: la responsabilidad personal y social, aliméntate bien

Señalo cuánto cumplo cada una de estas recomendaciones para alimentarme bien y llevar una vida sana.

BNCC 8 10

	1	2	3	4	5	6	7	8	9	10
Como de todo: frutas, verduras, pescado, carne.										
Hago cinco comidas al día.										
Tomo poca sal y poca azúcar.										
Bebo dos litros de agua al día.										
No como comida precocinada o comida rápida.										
Como lentamente, sin prisas.										

En esta unidad...

1. Explico las comidas del día
2. Digo mi comida preferida
3. Doy consejos alimentarios
4. Elijo de postre... ¡helado!
5. Voy a celebrar mi cumple
6. Explico un dulce para cada ocasión

Contenido virtual

...aprendo...

- Los verbos *poder* y *deber* + infinitivo
- La oración con *si* + presente, para dar consejos
- Los verbos irregulares en *–ger*, *–gir*, *–cer* y *–cir*
- *Ir a* + infinitivo
- *Se* impersonal

- Las comidas del día: *el desayuno, la comida, la merienda, la cena*
- Los alimentos y las bebidas básicos: *el pan, la leche, el pescado, la fruta...*
- Los dulces típicos según la estación: *el turrón, las torrijas...*

...para realizar...

Nuestro proyecto

Mi plato favorito

Pág. 42

Mi comida preferida es la paella. Mis abuelos son españoles y los domingos, en su casa, comemos siempre paella. Muchas noches cenamos fajitas, porque a mí me encantan con verduras y pollo. En mi familia, nos gusta mucho la comida mexicana. A mí también me gusta mucho un plato peruano. ¿Conocéis el ceviche? Pescado y verduras en ensalada, en un plato muy fresco. ¿Y de postre? O un helado, o un dulce argentino único: el dulce de leche, en tartas, tortitas... ¡o solo!

Secuencia 1 — Explico las comidas del día

1. Aprendo los nombres de los alimentos
Leo, completo las letras que faltan y escribo en mi cuaderno el nombre de los alimentos. Luego, marco los horarios de las comidas. Observo las diferencias..

La comida en España

En el desayuno, entre las 7:30 y las 8:30, muchos jóvenes españoles comen **tostadas** con **mantequilla** y beben **leche** o leche con **cacao** o **zumo** de naranja.

Durante el recreo, entre las 11:00 y las 11:30, más o menos, toman unas **galletas**, un bocadillo o **fruta**. La comida del mediodía es la más importante para los españoles. Normalmente comen, entre las 13:30 y las 15:00, un primer plato (**pasta**, ensalada o sopa), un segundo plato (**pescado** o **carne**) y, de postre, fruta. A las 17:30, los niños y jóvenes meriendan un **bocadillo** o un **bollo**. Y, por la noche, normalmente cenan entre las 21:00 y las 22:00. Es una comida ligera: un **huevo**, un **sándwich** o una **ensalada**...

Imágenes con letras a completar:
- T........ S........
- ....CH....
- P........ D........ Z........
- C........ O........
- B........
- H........ V........ E........ A........
- C....N.... B........LL........
- G........ E........ S........ S..N........
- FR........ P........
- M..N........ Q........

2. Aprendo las expresiones de tiempo y las cinco comidas del día
Relaciono.

el desayuno   la cena   el recreo
la comida   la merienda

1. Hasta las diez de la noche. ....
2. Desde las cinco de la tarde. ....
3. De una a tres de la tarde. ....
4. Desde las siete hasta las diez de la mañana. ....
5. A las once de la mañana. ....

3. Explico la comida en mi país
Participo en un foro internacional y escribo mi entrada sobre las comidas en mi país: horarios, comidas y alimentos habituales.

Secuencia 2: Digo mi comida preferida

1. Comprendo las comidas favoritas
Escucho y digo cuál es la comida preferida de cada chico.

 NICO
 ANDREA
 JAIME
 ISABEL

2. Aprendo nuevos alimentos
Relaciono.

1. el atún
2. la cebolla
3. el jamón
4. el kétchup
5. la lechuga
6. la mayonesa
7. el queso
8. el tomate
9. el maíz
10. el aguacate
11. la zanahoria
12. el chorizo
13. el arroz

3. Hablo de mis comidas preferidas
a. Digo los ingredientes que más me gustan para cada comida. Puedo usar estos alimentos y otros que ya conozco.

1. A mi ensalada perfecta le pongo…
2. Mi bocadillo preferido lleva…
3. Mi *pizza* favorita tiene…
4. Mi hamburguesa ideal es con…

b. Hablo con mi compañero y me informo de cuál es su comida preferida.

Secuencia 3 — Doy consejos alimentarios

1. Repaso el vocabulario de la comida
Observo las imágenes y completo la pirámide para una alimentación saludable.

Grasas y dulces
Muy pocas veces
El aceite
Los ....

Lácteos
Dos raciones al día
La ....
El ....

Huevos, carne y pescado
Una ración al día
El pollo
El ....

Fruta y verdura
Tres veces al día

Cereales y patatas
Todos los días
El pan
Los ....

2. Aprendo a dar consejos

a. Observo los ejemplos y completo la explicación.

Aconsejar

Dar un consejo
Debes + ...
Debes tener una dieta equilibrada.

Ofrecer una posibilidad
.... + infinitivo
Puedes comer dulces una vez a la semana.

Expresar condición y consejo
Si + ... , **debes**/.................. + infinitivo
Si te gustan los dulces, debes comerlos solo una vez por semana.
Si no te gusta la verdura, puedes comerla con otros alimentos.

b. Escucho los consejos para llevar una vida saludable y completo. 🎧 5

1. .... verduras frescas todos los días.
2. Si no me gustan las verduras, ...
3. .... leche.
4. Si no me gusta la leche, ...
5. Si no quiero comer fruta, ...
6. Si no me gusta el sabor del pescado, ...

Si no tomo carne, debo comer pescado o huevo.

3. Después de conocer el vocabulario de alimentos, reflexiono sobre qué hacer si...
Doy mis consejos.

1. no tomar carne
2. gustar mucho el chocolate
3. no gustar la verdura
4. no comer mucho pan
5. no comer fruta
6. no beber leche

Elijo de postre... ¡helado!

Elijo bien mi comida **2**

1 **Conozco los nombres de los sabores de los helados**
a. Relaciono cada foto con los gustos de estas personas.

 **a**
 **b**
 **c**
 **d**

En mi casa siempre hay helados. Después de comer, me pongo uno con tres bolas de helado de **nata**.

Yo siempre escojo tres bolas de helado: me encantan la **fresa**, el **chocolate** y la **vainilla**.

Yo soy muy clásico. Normalmente elijo un helado de **chocolate**.

Yo conozco bien a mis amigos y en mi cumpleaños les doy polos de **fresa**, **limón** o **menta**.

b. Relaciono los nombres con los sabores.

La f........   La v........   El ch........   La n........   El l........   La m........

2 **Aprendo verbos irregulares nuevos**
Busco en las opiniones anteriores la forma *yo* de estos verbos irregulares.

Verbos irregulares (2)

	conocer Verbos -cer, -cir	escoger Verbos -ger, -gir	poner	dar
(yo)				
(tú)	conoces	escoges	pones	das
(él, ella, usted)	conoce	escoge	pone	da
(nosotros, nosotras)	conocemos	escogemos	ponemos	damos
(vosotros, vosotras)	conocéis	escogéis	ponéis	dais
(ellos, ellas, ustedes)	conocen	escogen	ponen	dan

3 **Expreso los gustos de mi familia**
a. Copio en mi cuaderno y completo para expresar gustos.

1. Yo en la heladería .... *(elegir)* siempre ....

2. Yo .... *(conocer)* a mis padres. Papá siempre pide helado de .... y mamá pide helado de ....

3. Mis hermanos .... *(escoger)* estos sabores: .... y ....

b. Digo los gustos de mi familia y amigos.

Secuencia 5 — Voy a celebrar mi cumple

1. Conozco formas de celebrar el cumpleaños

Escucho, escribo cuándo es el cumpleaños de estos chicos y relaciono cómo van a celebrarlo. ¿Qué foto no corresponde? 🎧6

NICO

ANDREA

JAIME

ISABEL

1. Van a organizar una fiesta sorpresa.
2. Vamos a hacer una fiesta de disfraces.
3. Voy a ir con mis amigos y vamos a pasar el día en el parque de atracciones.
4. Voy a merendar en casa con la familia.

2. Aprendo a hacer planes

Leo la explicación y completo en mi cuaderno los planes de los chicos de la actividad anterior, con la expresión *ir a* + infinitivo.

Hacer planes

Ir a + infinitivo
El día de mi cumpleaños vamos a hacer una fiesta.

1. Sergio, un amigo de Nico, se .... *(vestir)* de vampiro en su fiesta de disfraces.
2. Su abuela .... *(preparar)* su tarta de chocolate preferida.
3. Sus amigos y su familia .... *(comprar)* regalos a Isabel.
4. Jaime y sus amigos .... *(ir)* al parque de atracciones.
5. Andrea .... *(invitar)* a sus amigos al cine y a una pizzería.

3. Explico mi próximo cumpleaños

Cuento los planes para mi próximo cumpleaños y respondo a las preguntas.

1. ¿Cuándo es mi cumpleaños?
2. ¿Dónde lo voy a celebrar?
3. ¿A quién voy a invitar?
4. ¿Qué vamos a comer?
5. ¿Qué me van a regalar?

secuencia 6 — Explico un dulce para cada ocasión

Elijo bien mi comida 2

1. Conozco cuatro dulces típicos y aprendo el uso de la impersonalidad
Observo la explicación y completo las descripciones de los dulces.

Expresar la impersonalidad

Cuando hablamos en general, sin explicar quién hace la acción, sino que se refiere a todas las personas, se utiliza **se** + presente (3.ª persona).
La paella se cocina en Valencia.
Los polvorones se comen en España en Navidad.

El turrón
_____ *(hacer)* con almendras y con miel y _____ *(tomar)* en Navidad.

El roscón de Reyes
Es un dulce que _____ *(comer)* el día de Reyes. _____ *(Hacer)* con nata o chocolate y tiene forma redonda. En su interior _____ *(introducir)* sorpresas que _____ *(descubrir)* cuando _____ *(comer)* el roscón.

El pan de muerto
El pan de muerto _____ *(preparar)* con harina, mantequilla, azúcar, leche y huevos, y se _____ *(comer)* en México.

Confites
Durante el carnaval, en Bolivia, _____ *(disfrutar)* de los confites, que son unas bolitas de azúcar rellenas de coco, almendra o cacahuetes.

2. Conozco los nombres de los ingredientes
a. Relaciono.

azúcar — coco — almendra — nata — chocolate — miel — cacahuete

a, b,  c,  d,  e, f, g

b. Copio y completo las frases en mi cuaderno.
1. Los confites llevan _____ dentro.
2. Me encanta el helado de _____.
3. Mis frutos secos preferidos son las _____ y los _____.
4. No es bueno tomar mucha _____.
5. Muchos postres árabes se hacen con _____.

3. Explico dulces típicos
Elijo un país y describo cuáles son los dulces típicos en ocasiones especiales.
1. ¿Cuándo se comen?
2. ¿Con qué se hacen?

Gramática

1 Verbos irregulares en presente

a Busco un ejemplo de cada verbo en la unidad. ¿Conozco otros verbos con la misma irregularidad?

Verbos irregulares (2)

	dar	poner	conocer -cer y -cir > zc	escoger -ger y -gir > j	elegir e > i y -gir > j
(yo)	doy	pongo	conozco	escojo	elijo
(tú)	das	pones	conoces	escoges	eliges
(él, ella, usted)	da	pone	conoce	escoge	elige
(nosotros, nosotras)	damos	ponemos	conocemos	escogemos	elegimos
(vosotros, vosotras)	dais	ponéis	conocéis	escogéis	elegís
(ellos, ellas, ustedes)	dan	ponen	conocen	escogen	eligen

b Copio en mi cuaderno y completo con uno de estos verbos.

conocer - escoger - poner - dar - dirigir - elegir

1. ¿................ al padre de Tania? Yo no sé quién es.
2. Mi madre .... una escuela de español. Es la directora.
3. Mis hermanos mayores .... la comida a los peces.
4. Raúl y Pedro siempre .... películas de aventuras para ver en el cine.
5. En el sándwich siempre .... jamón y queso.
6. Mis padres siempre .... los mismos sabores de helados.

2 La expresión *ir a* para hacer planes

a Busco tres ejemplos en la unidad.

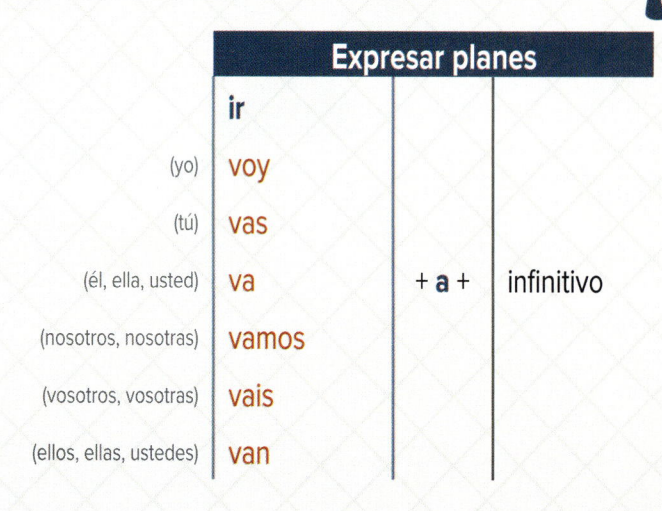

Expresar planes

	ir		
(yo)	voy		
(tú)	vas		
(él, ella, usted)	va	+ a +	infinitivo
(nosotros, nosotras)	vamos		
(vosotros, vosotras)	vais		
(ellos, ellas, ustedes)	van		

¡Ojo! Se utiliza *ir a* + **infinitivo** para expresar una acción futura. *Mañana voy a ir al cine.*

Elijo bien mi comida 2

b Completo en mi cuaderno las frases.

1. Es sábado y Ana quiere ver una película: Ana .... al cine.
2. Pedro y Marta tienen un perro y hoy no lo han sacado: Pedro y Marta .... al perro.
3. Es el cumpleaños de mi hermano y no le he comprado un regalo: esta tarde .... un regalo a mi hermano.
4. En unas horas hay una fiesta de disfraces, no estoy disfrazado: .... de Superman.
5. Mis primos y nosotros .... de vacaciones a la playa juntos.

3 La impersonalidad para hablar en general

a Subrayo todos los ejemplos en la unidad. Ojo, no todos los usos de *se* son expresiones impersonales.

	Expresar impersonalidad	
(objeto singular)	se	+ presente (3.ª persona singular)
(objeto plural)		+ presente (3.ª persona plural)

b Elijo la opción correcta.

1. En España se *come/comen* turrón en Navidad.
2. Las torrijas se *hace/hacen* en Semana Santa.
3. En el roscón de Reyes se *introduce/introducen* sorpresas.
4. Los churros se *fríe/fríen* en aceite muy caliente.
5. El gazpacho se *bebe/beben* muy frío.
6. En mi casa se *come/comemos* paella los domingos.

4 Las preposiciones para hablar del tiempo

a Observo y busco ejemplos en la unidad.

Preposiciones para expresar tiempo	
A la/las hora + **de** + parte del día	Estudio español **a las** diez **de la** mañana.
Desde la/las hora + **hasta la/las** hora	Tengo clase **desde las** 8:30 **hasta las** 14:30.
Entre la/las hora + **y la/las** hora	Normalmente como **entre las** 14:00 **y las** 14:30.
Por la + parte del día	**Por la** tarde no tengo clase.
Ø + día de la semana	El sábado y el domingo no tengo clase.
Día del mes + **de** + mes	Nos vamos a ver el 5 **de** febrero.
En + mes/estación del año	**En** verano vamos a la playa.

¡Fíjate! Para decir el día, no se utiliza ninguna preposición. *El martes voy a clase de música. El 7 de septiembre es mi cumpleaños.*

b Copio en mi cuaderno y completo con una de estas preposiciones.

1. Mi cumpleaños es el 19 .... mayo.
2. La clase de Ciencias Naturales es .... las 10:00 .... la mañana.
3. Me voy a mi casa, ¡............... mañana!
4. El sábado .... la mañana tenemos un partido de fútbol.
5. En España se come .... las dos y las tres .... la tarde.
6. El comedor está abierto .... la una .... las cuatro.
7. .... verano no tenemos clase.

Secuencia final
Vecinos de América

Los vecinos de América me invitan a resolver una adivinanza. Aquí voy a conocer algunos lugares impresionantes de Latinoamérica.

Entro en el grupo de chat y descubro tres lugares increíbles

Leo e identifico las fotos con los lugares que describen.

Alejandro (Perú)
¡Hola a todos! Hoy les propongo una adivinanza relacionada con mi próximo viaje. ¡A ver quién acierta! Les doy tres pistas: desierto, líneas y animales.

Martina (Bolivia)
¿Vienes a Bolivia, al desierto de Siloli? Acá hay rocas con formas, como el famoso árbol.

Alejandro (Perú)
No, no... No voy a Bolivia.

Yo (Brasil)
¡Ah! ¿Vienes a Brasil, a los *Lençois Maranhenses*? También llamado *desierto de las aguas* porque se inunda una vez al año por la lluvia, entonces aparecen diversos animales. Miren esta foto.

Alejandro (Perú)
¡Chévere! Pero no es allá adonde voy... ¡Qué pena! Ahora quiero conocer ese lugar increíble.

Elijo bien mi comida 2

Nicolás (Uruguay)
¡Ah, ya sé! No vas a salir de Perú, vas al desierto de Nazca.

¡Fíjate!
Nazca también se puede escribir *Nasca*. Tiene doble grafía.

Alejandro (Perú)
Síííí. Es un regalo de mis papás por mi cumpleaños.

Yo (Brasil)
¡Qué suerte! Tu cumpleaños va a ser muy diferente. Mis papás ya conocen Nazca y tienen un libro escrito por María Reiche, una arqueóloga alemana que explica el descubrimiento de las líneas en el desierto.

Martina (Bolivia)
¿Pero qué líneas son esas?

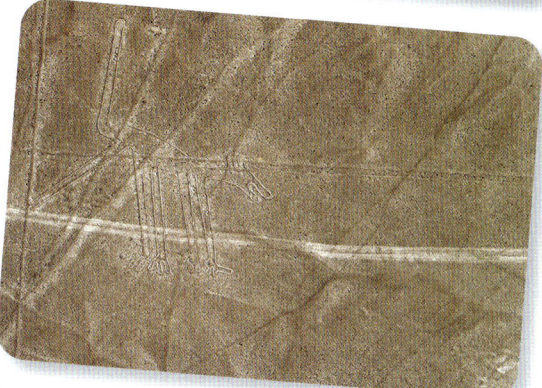

Alejandro (Perú)
Son unas rayas enormes muy antiguas hechas en el suelo del desierto, que forman figuras de animales, plantas, objetos, etc., pero es mejor verlas desde un avión.

Martina (Bolivia)
¿Y para qué sirven?

Alejandro (Perú)
Pues ese es el misterio, hasta hoy no se sabe para qué son y por qué tienen esas formas. Les envío algunas fotos. ¿Qué animales son?

Nuestro proyecto

Mi plato favorito

Conecto con Educación Física

¿Qué sabes de Perú?

Es un país de América del Sur, cuya capital es Lima. Limita al norte con Ecuador y Colombia, al este con Brasil y al sureste con Bolivia y Chile. El sol es el nombre de su moneda. Es uno de los países de mayor diversidad biológica del mundo y de mayores recursos minerales.

Una de sus ciudades, Cuzco, fue la antigua capital del Imperio inca y hoy tiene gran valor histórico y arqueológico. Esta ciudad fue declarada Patrimonio Histórico de la Humanidad en 1983. Machu Picchu, otra ciudad inca, se encuentra a 2 430 metros de altura y también fue declarada Patrimonio Histórico de la Humanidad en 1983. Como curiosidad hay que saber que Perú es el país con mayor diversidad de patatas en el mundo, tiene 8 especies nativas cultivadas y unas 2 300 variedades.

1 Datos sobre Perú

Me informo sobre Perú y respondo a las preguntas.

- ¿Con qué países limita?
- ¿Cuál es la capital de Perú?
- ¿A qué altura se encuentra Machu Picchu?
- ¿Cuál es el nombre de su moneda?
- ¿Qué dos ciudades de Perú han sido declaradas Patrimonio Histórico de la Humanidad?

Elijo bien mi comida 2

2 El ceviche

a. Escucho y marco si las afirmaciones son verdaderas (V) o falsas (F). Luego, corrijo las informaciones falsas. 🎧7

V F
- ☐ ☐ El limón es el ingrediente básico de la receta.
- ☐ ☐ Solo podemos utilizar un tipo de pescado para prepararlo.
- ☐ ☐ El ceviche se puede acompañar con diferentes alimentos.
- ☐ ☐ El pescado es considerado patrimonio cultural de Perú.
- ☐ ☐ Para preparar ceviche hay que cocinar muy bien el pescado.

b. Relaciono las imágenes con los alimentos.

chile   pescado   lima

perejil   maíz   cebolla

3 El plato nacional

Completo la receta del ceviche con estos verbos en presente.

mezclar
cortar (2) - limpiar
picar (2) - añadir

RECETA DE CEVICHE

Preparación:

.... la cebolla.

.... el chile en trozos pequeños.
.... el pescado y lo ....
.... el perejil.

.... el pescado con la cebolla, el perejil y sal en un plato.

.... el jugo de la lima y movemos bien.

4 Ahora nosotros

Buscamos información en Internet y preparamos la información sobre uno de los platos típicos de un país latinoamericano.

BNCC 1 3 4 5

Accedo a...
É digital LE

contenido virtual

cuarenta y tres 43

Cuaderno de ejercicios

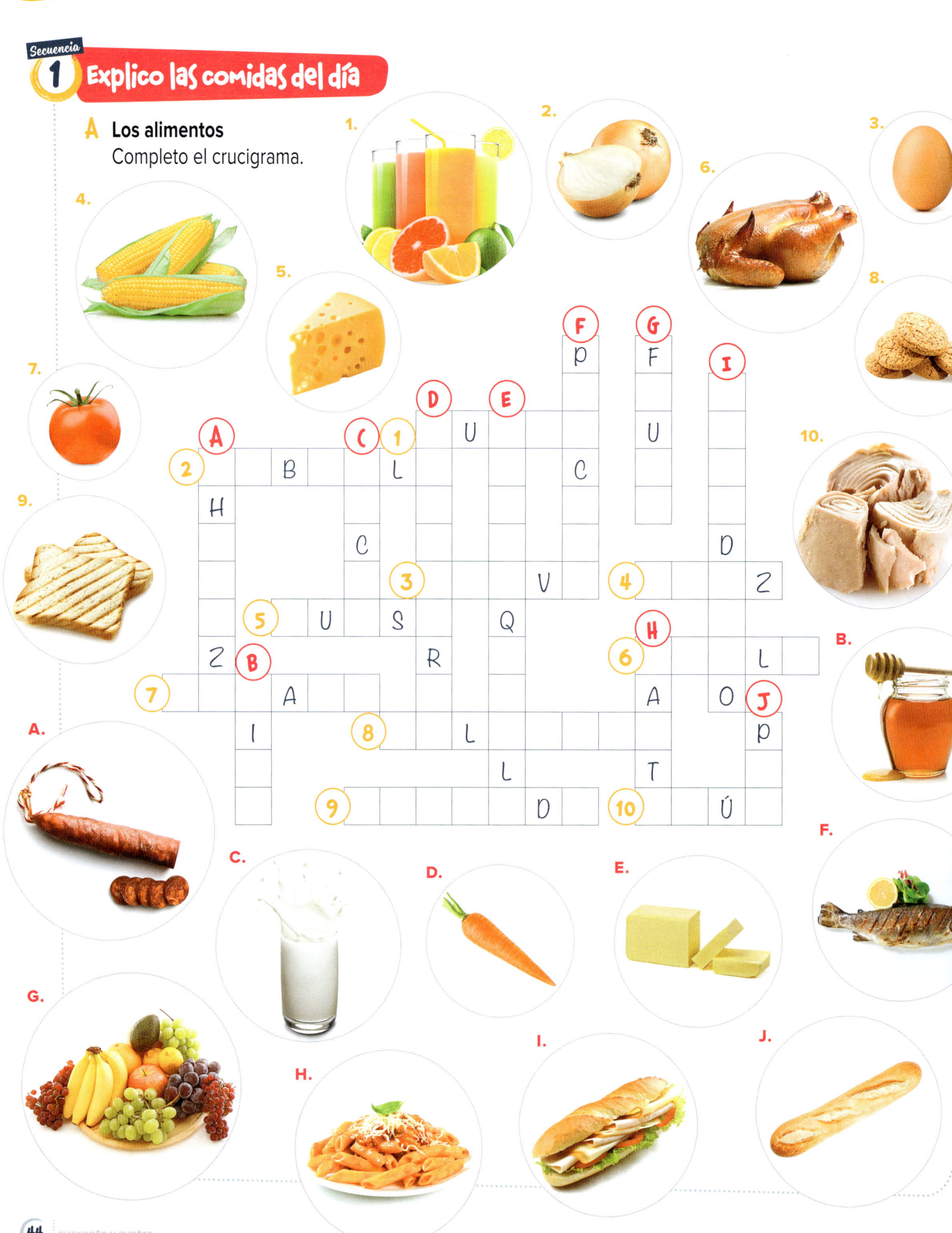

Secuencia 1 — Explico las comidas del día

A. Los alimentos
Completo el crucigrama.

2 Digo mi comida preferida

A Mis preferencias
Completo la tabla.

Mi comida preferida	Mi fruta preferida	Mi postre preferido	Mi bebida preferida

B El verbo *gustar*
Relaciono los alimentos con mis gustos y escribo frases.

Gustar muchísimo

Gustar mucho

Gustar bastante

Gustar

No gustar

No gustar nada

3 Doy consejos alimentarios

A Las expresiones *deber* y *poder* + infinitivo (1)
Relaciono para formar consejos.

1. Si no te gusta la leche,
2. Si comes muchos alimentos con grasa,
3. Si no te gusta la verdura,
4. Si comes demasiado,
5. Si no te gusta el sabor de la carne,
6. Si comes poca fruta,
7. Si no te gusta el pescado,
8. Si te gusta mucho el chocolate,

a. debes hacer mucho ejercicio y tomar verdura.
b. debes tomar poco.
c. puedes beber zumos y comer verdura.
d. puedes comer carne o pollo.
e. puedes comer fruta.
f. puedes comer pescado o ponerle salsas.
g. puedes ponerte enfermo.
h. puedes tomar yogur o comer queso.

B Las expresiones *deber* y *poder* + infinitivo (2)
Escribo 3 consejos en cada situación.

Tu hermano quiere aprender español	Tu amiga quiere preparar su fiesta de cumpleaños	Tu amigo está resfriado
1.	1.	1.
2.	2.	2.
3.	3.	3.

Secuencia 4 — Elijo de postre... ¡helado!

A Los sabores de los helados

Encuentro en la sopa de letras los 9 sabores de helados de las imágenes. Con las letras que no marco, descubro una frase secreta.

```
C A L I M O N M I M E G U
S H T A A N A M F R E S A
U C O H N O R L O S H E L
A D O C G V A I N I L L A
S D E T O O N D O S L O S
S N A B O L J R E S P E R
O A M I P L A T A N O P R
E T F E R I D T O E S E L
D A E F R E S M E N T A A
```

Frase secreta:

_____ , _____ .

B Los verbos en presente irregular (1)
Completo con el verbo en la forma *yo*.

1. _____ **(Poner)** la mesa todos los días antes de comer y de cenar.
2. No _____ **(conocer)** al nuevo profesor de español.
3. Siempre _____ **(elegir)** la *pizza* cuatro quesos en la pizzería.
4. En el supermercado, cuando compro dos productos, _____ **(obtener)** uno gratis.
5. _____ **(Dar)** regalos a mis amigos que cumplen años.
6. Normalmente _____ **(decir)** la verdad a mis amigos.
7. Siempre _____ **(traducir)** la carta de los restaurantes a mis amigos extranjeros.
8. _____ **(Escoger)** siempre la hamburguesa especial en el bar de mi barrio.

C Los verbos en presente irregular (2)
Completo el texto con estos verbos.

conocer – dar – poner – elegir

Me encantan los helados, me gustan de todos los sabores, pero, normalmente, _____ el de vainilla. ¡Es mi preferido! Mamá los fines de semana me _____ uno después de comer: un cucurucho y le _____ dos bolas de vainilla. Mi padre compra los helados en una heladería cerca de mi casa, yo no _____ al dependiente, pero mis padres dicen que es muy simpático.

Secuencia 5 Voy a celebrar mi cumple

A *Ir a* + infinitivo
Relaciono libremente y escribo en mi cuaderno los seis planes de estas personas.

- El próximo cumpleaños
- Las vacaciones de verano
- Mañana por la mañana
- El fin de semana que viene
- Esta tarde
- El próximo curso

Yo

Mis padres

Mi hermana

El abuelo

Mis mejores amigas

Mi mejor amigo

B Hacemos planes
Escucho y señalo los planes de estos amigos. 🎧 8

1. Ana y Mateo 
2. Jorge y Mónica 
3. Juanjo y Patricia 
4. Raúl y Andrea

	 ⛱	 🍽	 🍿	 ⚽
1. Ana y Mateo				
2. Jorge y Mónica				
3. Juanjo y Patricia				
4. Raúl y Andrea				

Secuencia 6 — Explico un dulce para cada ocasión

A El pronombre *se* impersonal (1)
Completo las frases con el verbo en la forma correcta y el pronombre *se*.

1. El 6 de enero _____ *(celebrar)* el día de Reyes en España.
2. Los churros son dulces que _____ *(tomar)* con chocolate para merendar.
3. En Halloween la gente _____ *(disfrazar)*.
4. El turrón _____ *(hacer)* con miel, almendras y azúcar.
5. Las torrijas _____ *(freír)* con mucho aceite.
6. En España _____ *(beber)* más café que té.
7. En México _____ *(comer)* tacos de maíz.
8. En los pueblos _____ *(vivir)* muy bien.

B El pronombre *se* impersonal (2)
Leo y respondo usando *se* impersonal.

1. • ¿Qué se hace con las calabazas en Halloween? • _____
2. • ¿Qué se come en España el 6 de enero? • _____
3. • ¿Qué se bebe más en Japón, té o café? • _____
4. • ¿Con qué ingredientes se hace el gazpacho? • _____
5. • ¿Se cocina el pescado para preparar el ceviche? • _____

DELE ESCOLAR A2

🎧 Comprensión auditiva

A continuación, voy a escuchar cinco conversaciones, incluido el ejemplo. Tengo que escucharlas dos veces. Después, debo responder a las preguntas (1-4), seleccionando la respuesta correcta (a, b o c).

Ejemplo: Conversación 0 🎧 9

0. *¿Qué van a comer los chicos? La opción correcta es la **b**.*

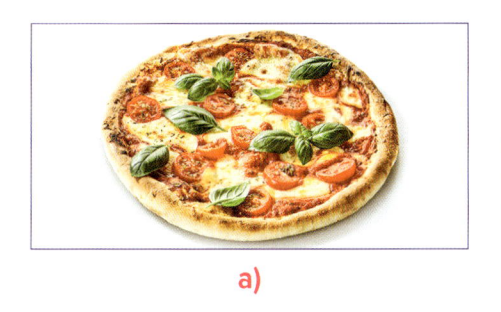

a)   b)   c)

Conversación 1 🎧 10

1. ¿Cuál es la comida preferida de Ana?

a)   b)   c)

Conversación 2 🎧 11

2. ¿Qué toma David antes de dormir?

a)   b)   c)

Conversación 3 🎧 12

3. ¿Qué va a comer Sara?
- a. Pescado a la plancha.
- b. Pollo asado.
- c. Sopa de verduras.

Conversación 4 🎧 13

4. ¿A qué hora han quedado?
- a. A las nueve.
- b. A las diez.
- c. A las once.

Unidad 3

Pienso en días sin clase

Descubro qué es un puente

Leo lo que dice Andrés y descubro qué es un puente. Luego, marco a qué foto corresponde. Por último, relaciono los nombres de estas fiestas con su foto.

- Estar en una fiesta de cumpleaños
- Hacer puente
- Celebrar la Navidad
- Ir de fiesta

Competencias del siglo XXI

Maneras de pensar: el consumo responsable

Reflexiono y respondo a estas preguntas. Después, saco una conclusión y me fijo un compromiso para ser más responsable en el consumo.

1. ¿Cada cuánto tiempo cambio de móvil?
2. ¿Soy capaz de ahorrar, o me gasto todo el dinero que me dan?
3. ¿Cuánta ropa que no uso tengo en mi armario?

Mi conclusión

Mi compromiso

BNCC

¿Se hace puente también en tu país?

Andrés
30 min

Esta semana es más corta. Como el martes es fiesta y no hay clase, tampoco vamos a clase el lunes, hacemos puente. Normalmente es un largo fin de semana de cuatro días. Mis hermanos se van de excursión a la montaña y mis amigos se van de fiesta, pero Carolina y yo tenemos un examen el miércoles y tenemos que estudiar todo el largo fin de semana. ¡Vaya puente!

34

👍 Me gusta 💬 Comentarios ➤ Compartir

Contenido virtual

En esta unidad...

1. Cuento mis vacaciones
2. Describo mi verano
3. Recuerdo las épocas de regalos
4. Elijo regalos originales
5. Voy de compras
6. Estoy en una tienda

... aprendo...

- El pretérito perfecto compuesto
- La diferencia entre el uso del presente y del perfecto compuesto
- Los pronombres de objeto directo: *lo, la, los y las*

- Las actividades de verano: *bañarse en la playa, montar a caballo, ir de compras...*
- Las fechas importantes: *el día de Navidad, los Reyes, el cumpleaños de...*
- Los regalos: *un juego de..., una camiseta de..., una maleta...*
- Los nombres de las tiendas: *la juguetería, la librería...*

... para realizar...

Nuestro proyecto
Un símbolo nacional
Pág. 62

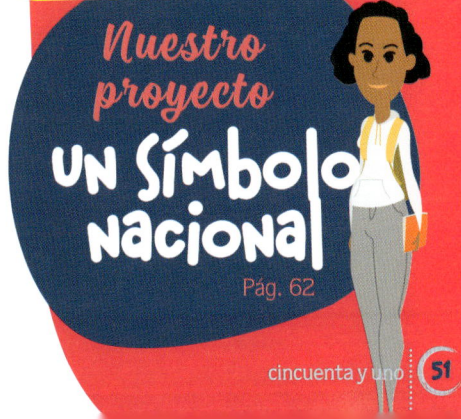

cincuenta y uno **51**

Secuencia 1 — Cuento mis vacaciones

1. Comprendo la descripción de unas vacaciones

a. Observo esta web de viajes diferentes, elijo uno y explico el motivo.

Escapadas americanas

- Bucear en los mágicos cenotes mexicanos (México)
- Pasear a caballo por las playas de Espadilla Norte (Costa Rica)
- Safari fotográfico en las islas de San Blas (Panamá)
- Senderismo por el Parque Nacional Jaragua (República Dominicana)
- Visita a Machu Picchu (Perú)
- El Carnaval de Cochabamba (Bolivia)

b. Leo y señalo verdadero (V) o falso (F).

¡El mejor verano de mi vida!

Este verano ha sido increíble: hemos estado en Perú quince días. En Lima hemos comido muchísimos platos buenísimos. ¿Sabes que la gastronomía peruana es una de las mejores del mundo? Después hemos ido a Cuzco, la capital inca, y desde allí hemos visitado algunas comunidades indígenas, pero lo más impresionante ha sido la visita a Machu Picchu. Hemos hecho senderismo por la zona, hemos descubierto una naturaleza increíble y, claro, hemos hecho muchísimas fotos en ese lugar mágico. Además, hemos ido a Arequipa y allí mis padres han visitado a unos amigos y mi hermana y yo hemos conocido a sus hijos, Luis y María. Hemos salido con ellos a conocer la ciudad y hemos hecho una excursión al lago Titicaca y allí hemos dado un paseo en barcas. ¡Ya quiero volver a este país!

V F
- ☐ ☐ Han pasado dos semanas en Perú.
- ☐ ☐ Han estado en cinco ciudades.
- ☐ ☐ Se han aburrido un poco.
- ☐ ☐ Han visitado un museo en Lima.
- ☐ ☐ Han pasado por Machu Picchu.
- ☐ ☐ Han buceado en el lago Titicaca.

2. Aprendo el pretérito perfecto compuesto

Busco en la descripción verbos en pasado y descubro la forma.

Pretérito perfecto compuesto

	haber	+ participio
(yo)		
(tú)	has	
(él, ella, usted)		-ar .... (estar)
(nosotros, nosotras)		-er .... (comer)
(vosotros, vosotras)	habéis	-ir .... (subir)
(ellos, ellas, ustedes)		

3. Hablo en pasado

Copio en mi cuaderno y completo las frases.

1. Mis compañeros .... (pasar) el verano en su pueblo.
2. Las vacaciones de la familia .... (ser) muy divertidas.
3. Nosotros .... (descansar) mucho.
4. ¿Dónde .... (ir, vosotros)? .... (Bañarse, nosotros) en la piscina.
5. Yo .... (participar) en un campamento de verano y .... (conocer) a personas de muchos países.
6. Mi familia y yo .... (quedarse) en casa, porque mi padre no .... (tener) vacaciones en verano.

Secuencia 2 — Describo mi verano

Pienso en días sin clase 3

1. Comprendo una conversación sobre el verano

a. Dos amigos hablan del verano. Escucho y marco quién ha hecho cada actividad. Después, le pongo nota, de 0 a 10, al verano de cada uno. 🎧14

	ANDRÉS	CAROLINA	NINGUNO
1. Ha vuelto a hacer los ejercicios de Lengua y de Matemáticas.			
2. Ha hecho redacciones todos los días.			
3. Ha viajado con su familia a España.			
4. Su amigo se ha roto un brazo.			
5. Ha jugado a la Play con su amigo.			
6. Se ha bañado en el río.			
7. Ha cocinado con su abuela.			

b. Ahora, escribo las actividades que he hecho este verano y las clasifico. Después, las comparo con las de mi compañero. ¿Qué nota le pongo a mi verano?

❤ Actividades divertidas

👎 Actividades aburridas

2. Aprendo participios irregulares

Relaciono. Luego, copio en mi cuaderno y completo las frases.

1. abrir   a. hecho
2. escribir   b. puesto
3. decir   c. abierto
4. hacer   d. vuelto
5. poner   e. escrito
6. romper   f. visto
7. ver   g. dicho
8. volver   h. roto

1. Alguien _____ *(abrir)* mi mochila.
2. Este verano _____ *(escribir, yo)* muchos correos a mis amigos.
3. Mi profesora _____ *(volver)* muy contenta de sus vacaciones.
4. ¿_____ *(Romper, vosotros)* el ordenador?
5. Mi madre me _____ *(poner)* queso en el bocadillo del recreo.
6. ¿Todavía no _____ *(ver, tú)* a tus amigos?
7. _____ *(Hacer, yo)* todos los deberes para mañana.
8. Mis padres _____ *(decir)* que vamos a ir a EuroDisney.

3. Escribo sobre mis últimas vacaciones

Escribo una entrada en mi blog contando mis vacaciones: dónde he ido, qué he hecho, a quién he conocido...

Secuencia 3 — Recuerdo las épocas de regalos

1. Conozco los eventos de la vida

Relaciono las imágenes con los relatos. Luego, respondo a las preguntas sobre los relatos anteriores.

> Esta tarde he comprado una camiseta a mi hermana. Normalmente no le regalo nada, pero este año le he querido hacer un regalo, porque cumple 18 años.
> — Carolina

> Todos los años voy de viaje con mis abuelos y compro un regalo a mis padres, pero este año he estado en Madrid y solo he comprado un libro a mi madre, porque no tengo mucho dinero.
> — Andrés

> Normalmente saco muy buenas notas. Mis padres no me compran nada, pero este año las notas han sido mejores que el anterior y mis padres me han regalado una bici.
> — Abel

1. ¿Qué regalo le ha hecho Carolina a su hermana por su 18 cumpleaños? ¿Qué le regala normalmente a su hermana?
2. ¿Por qué Andrés no ha comprado un regalo a su padre?
3. ¿Por qué los padres de Abel le han comprado una bici?

2. Diferencio el presente del pretérito perfecto compuesto.

Leo y completo la explicación. Luego, completo las frases en mi cuaderno.

pretérito · hábitos · gustos · terminadas · descripciones

Presente y perfecto compuesto

- El presente se usa para hablar de ...., para hacer .... y para expresar ....
  Normalmente compro los regalos en el centro comercial.
- El .... perfecto compuesto se usa para hablar de acciones ....
  Este año hemos comprado los regalos por Internet.

1. Normalmente no .... nada a mi hermano por Navidad, pero este año le .... un balón de fútbol.
2. En general no .... tarta por mi cumpleaños, pero este año he tenido una muy grande.
3. No me gusta ir de tiendas, pero hoy me .... mucho ir con mi madre.
4. Casi nunca les .... nada a mis padres cuando voy de viaje, pero este año les .... unas camisetas.

3. Explico cambios en mis hábitos

Cuento dos cambios que han ocurrido hoy respecto a mis costumbres.

> Normalmente vengo en bici al cole, pero hoy he venido en metro.

Secuencia 4 — Elijo regalos originales

Pienso en días sin clase **3**

1. Comprendo la información importante
Escucho estas presentaciones, elijo los regalos para cada persona y explico los motivos. 🎧15

ANDRÉS
A Andrés le regalamos el libro de cocina, porque le encanta cocinar.

ABEL

CAROLINA

2. Practico la forma impersonal
Observo y completo.

Forma impersonal

1. En una óptica *se* vend*en* gafas/En una librería *se* compr*an* ....
2. En una panadería *se* vend*e* pan/En un supermercado *se* compr*a* ....

3. Defino los tipos de tiendas

a. Leo y relaciono los verbos con su significado.

- En esta librería no venden rotuladores verdes.
- Yo los he comprado en la papelería que está al lado del cole.

- Por favor, ¿me cobra?
- Sí. Son tres euros. Aquí tienes la vuelta.
- Disculpe, he pagado cinco euros y solo me devuelve uno.
- Perdona, tienes razón. Aquí tienes.

vender ○   ○ Recibir dinero por algo.
comprar ○   ○ Dar algo a alguien a cambio de dinero.
pagar ○   ○ Dar dinero.
cobrar ○   ○ Obtener algo a cambio de dinero.

b. Con mis palabras, elijo uno de estos regalos, lo describo sin decir el nombre, y mis compañeros adivinan cuál es y dónde se compra.

Chocolates   Cómic   Revista   Libro
Balón de baloncesto   Moldes para hacer dulces
Gafas   Camiseta   Bicicleta

— Es un objeto que se usa para ver mejor.
— Son unas gafas y se compran en la óptica.

Secuencia 5: Voy de compras

1. Comprendo unas conversaciones en unas tiendas
Leo los diálogos y digo a qué se refieren las palabras marcadas.

1
- Buenos días. ¿Necesita ayuda?
- Sí, por favor. Estos azules me gustan. ¿**Los** tiene en el número 42?
- Sí, un momento. Aquí **los** tiene.
- ¿Me **los** puedo probar?
- Claro que sí. ¿Qué tal?
- ¡Perfectos!

2
- Buenas tardes.
- Hola. Estoy interesado en este modelo.
- ¡Muy bien! **Lo** tenemos en negro, azul, rojo o verde. ¿De qué color **lo** quiere?
- ¿**Lo** puedo ver en negro? Es que no estoy seguro.
- Por supuesto. **Lo** voy a buscar.

3
- ¿Te gustan estas, mamá? 
- ¿Cuáles?
- **Las** azules son muy bonitas, pero no **las** podemos comprar porque son muy caras. Estas amarillas están bien de precio y son muy bonitas también.
- Voy a preguntar a la dependienta si **las** podemos ver.

4
- ¡Mira, mamá! Aquí está.
- Sí, ya **la** veo. Tu talla es la XL, ¿verdad?
- Sí, sí.
- ¿Y con qué nombre **la** quieres?
- Cristiano Ronaldo, claro.
- Claro... Vale, espera un momento. **La** voy a buscar.

2. Aprendo los pronombres de complemento directo

a. Observo la explicación y completo los pronombres que faltan.

Pronombres de complemento directo

Usamos los pronombres de complemento directo para no repetir el nombre de la cosa de la que hablamos.

	Masculino	Femenino
singular	lo	....
plural	....	....

b. Respondo a las preguntas usando los pronombres.

1. • ¿Dónde has comprado esa falda?
   • .... he comprado en Cádiz. ¿Te gusta?
2. • ¿Conoces esta marca de bicis?
   • Sí, ... conozco muy bien. Mi bici es de esta marca.
3. • ¿Tienen más libros de este autor?
   • Sí, ... tenemos allí, junto a los cómics.
4. • ¿Necesitas el cargador del móvil?
   • No. .... he traído. Gracias.

3. Simulo una conversación
Represento una situación con uno o dos compañeros: uno es un dependiente y otros los clientes. Utilizo los pronombres.

En la tienda de deporte. Compro un regalo de cumpleaños para un amigo.
En la tienda de informática. Mi padre y yo vamos a comprar un ordenador nuevo.
En la tienda de ropa. Mi hermano y yo buscamos regalos de Navidad para la familia.

Secuencia 6 — Estoy en una tienda

1. Conozco el nombre de las tiendas
Completo las frases con el nombre de la tienda.

- la tienda de informática
- la óptica 
- el estanco 
- la farmacia 
- la zapatería 

1. Se han roto las gafas, tengo que ir a la _____ .
2. El ordenador no funciona, necesito ir a la _____ .
3. Voy a enviar una carta a mi hermana y no tengo sellos, tengo que ir al _____ .
4. He visto unas zapatillas de deporte muy buenas, y este mes voy a ir a la _____ .
5. Voy a comprar unos medicamentos, tengo que ir a la _____ .

2. Practico los pronombres
Completo con los pronombres y digo en qué tienda están.

1
- Hola, buenos días.
- Hola. Tengo que enviar estas tres cartas y necesito sellos.
- ¿Dónde _____ vas a enviar?
- Dos a Italia y una a Argentina.
- Muy bien. Aquí _____ tienes. Estos dos son para Italia y este de 1,50 € es para Argentina.
- Gracias.

2
- Perdone, ¿me puede ayudar?
- Claro, dígame.
- Tenemos un ordenador portátil, pero no podemos conectarnos a Internet.
- ¿_____ ha comprado en esta tienda?
- Sí, compramos todo aquí: el portátil y los dos móviles. Mi madre _____ ha comprado este año.
- Necesito ver _____ .
- De acuerdo, mañana _____ traigo.

3
- Buenos días, señora. ¿_____ puedo ayudar?
- Sí, por favor. Mi hija tiene tos y le duele la garganta.
- Mire, tenemos este jarabe, es muy bueno.
- Sí, _____ conozco, me _____ llevo.
- Perfecto.

4
- Buenas tardes. Estoy buscando unas gafas de sol.
- ¿Cómo _____ quiere?
- No sé, _____ quiero modernas y no muy caras.
- ¿Le gustan estas?
- No, _____ prefiero más grandes.

3. Juego a las adivinanzas
Leo y descubro qué describe cada texto. Después, en parejas, invento una adivinanza parecida e intento adivinar la de mi compañero.

1. Tiene nombre de animal. Lo uso para navegar por Internet y lo muevo con una sola mano.
2. Las tienes para ver mejor o las puedes usar para protegerte del sol. También las utilizas para mirar los peces debajo del agua.
3. La enciendo para ver los partidos y las series. La apago cuando como con mi familia y cuando me voy a dormir.

Gramática

1 Pretérito perfecto compuesto

a Busco en la unidad cuatro frases en pretérito perfecto compuesto: dos con participio regular o dos con participio irregular.

Pretérito perfecto compuesto

	haber	+ participio
(yo)	he	
(tú)	has	
(él, ella, usted)	ha	-ar > -ado (estar > estado)
(nosotros, nosotras)	hemos	-er > -ido (comer > comido)
(vosotros, vosotras)	habéis	-ir > -ido (subir > subido)
(ellos, ellas, ustedes)	han	

¡Fíjate!
El participio, cuando forma parte del pretérito perfecto compuesto, no cambia.
Carlos ha ido al cine. María ha ido al cine también.

b Escribo en mi cuaderno el participio de estos verbos y señalo los que son irregulares.

1. Abrir
2. Poner
3. Coger
4. Ver
5. Salir
6. Volar
7. Tener
8. Ser
9. Ir
10. Decir
11. Hacer
12. Escribir

c Copio en mi cuaderno y completo las frases con los verbos en la forma adecuada del pretérito perfecto compuesto.

1. Esta mañana no _____ *(desayunar, yo)* mucho.
2. Mi hermana y yo _____ *(ver)* esa película, es muy divertida.
3. ¿Qué _____ *(hacer, tú)* en verano?
4. No me _____ *(gustar)* esa serie, ¿y a ti?
5. ¿_____ *(Comprar, vosotros)* los regalos?
6. Esta mañana mamá _____ *(ir)* al supermercado con la abuela.
7. Yo _____ *(escribir)* la redacción para la clase de Lengua.
8. Nosotros _____ *(jugar)* al baloncesto todo el fin de semana.

¡Ojo!
Recuerda que en español no es necesario utilizar los pronombres sujeto.
(Nosotros) *Hoy hemos aprendido muchas cosas en clase.*

Pienso en días sin clase 3

d ¿Presente o pretérito perfecto compuesto? Elijo la opción adecuada.

1. Todos los días **desayunamos/hemos desayunado** en casa.
2. Este verano **vamos/hemos ido** a España y **es/ha sido** muy divertido.
3. Me **gusta/ha gustado** mucho la película.
4. Yo ya **compro/he comprado** todos los regalos para la familia.
5. Normalmente **tengo/he tenido** clases de 9:00 a 14:00.
6. Este libro **es/ha sido** muy interesante. Te lo recomiendo.
7. No **descargo/he descargado** todavía esa aplicación.
8. Por las tardes no **tenemos/hemos tenido** tiempo de nada.

2 Los pronombres de complemento directo

a Subrayo un ejemplo de cada uno en la página 56.

Pronombres de complemento directo

	masculino	femenino
singular	lo	la
plural	los	las

b Copio en mi cuaderno y completo los diálogos con los pronombres de complemento directo.

1
- ¿Has comprado las verduras?
- Sí, _____ he comprado en el mercado.

2
- ¿Tienes el último disco de Shakira?
- No, no _____ tengo todavía.

3
- ¿Has comprado los regalos?
- Sí, _____ he comprado esta mañana.

4
- Samuel, ¿has leído este libro?
- No, no _____ he leído, ¿es bueno?
- Sí, me encanta.

5
- ¿Quién tiene la calculadora?
- Creo que _____ tiene Sandra.

6
- ¿Ves la serie *Crepúsculo*?
- Claro, _____ veo todas las semanas.

7
- ¿Tus padres venden el coche?
- Sí, _____ venden porque quieren comprar uno nuevo.

8
- No encuentro mis gafas. ¿_____ ves?
- Claro, mira: _____ tienes ahí, encima del libro.

Secuencia final
Vecinos de América

Hoy los vecinos de América traen un tema de reflexión y debate: ¿somos demasiado consumistas? Tenemos que pensar, expresar nuestra opinión y debatir.

BNCC

¿Soy consumista?

Leo, pienso y reflexiono.

Martina (Bolivia): Las próximas vacaciones quiero ir a Panamá. Además de conocer el famoso canal, ¡quiero hacer muchas compras!

Yo (Brasil): ¿Y por qué quieres comprar tanto?

Martina (Bolivia): Porque allá hay regiones de zona libre para las compras.

El Canal de Panamá, entre el Atlántico y el Pacífico

Nicolás (Uruguay): Ya veo que en el chat hay gente consumista.

Martina (Bolivia): ¿Yoooo? ¡Pienso que no...!

Nicolás (Uruguay): ¡Vamos a descubrirlo! Respondan a esta encuesta sobre consumismo para una ONG española. La subo al chat.

PersoNALidad

TEST CONSUMO | TEST AUTOESTIMA | CONTACTO

El consumismo entre jóvenes

Nombre .... Apellido .... Edad .... País/ciudad ....

1. ¿Eres consumista?
   ☐ No, nada.
   ☐ Muy poco.
   ☐ Más o menos.
   ☐ Sí, mucho.

2. ¿Cuántas camisetas tienes? Abre tu armario y verifica.
   ☐ Menos de 30.
   ☐ Entre 30 y 70.
   ☐ Entre 70 y 100.
   ☐ Más de 100.

3. ¿Cuántas de esas camisetas nunca has usado?
   ☐ Ninguna.
   ☐ Una o dos.
   ☐ Tres o cuatro.
   ☐ Más de cuatro.

4. Y ahora cuenta los pantalones vaqueros, ¿cuántos tienes?
   ☐ Menos de 5.
   ☐ Entre 5 y 10.
   ☐ Entre 10 y 20.
   ☐ Más de 20.

5. ¿Cuántos de esos pantalones vaqueros no has usado nunca?
   ☐ Ninguno.
   ☐ Uno.
   ☐ Dos.
   ☐ Tres o más.

6. ¿Cuántos pares de zapatillas deportivas has comprado en el último año?
   ☐ Ningún par.
   ☐ Un par.
   ☐ Dos pares.
   ☐ Más de tres.

7. ¿Cuándo ha sido la última vez que has comprado ropa?
   ☐ Hace un año.
   ☐ Hace seis meses.
   ☐ Hace un mes.
   ☐ Hace una semana.

8. Marca el motivo de tu última compra de ropa o calzado.
   ☐ Por necesidad.
   ☐ Por el buen precio.
   ☐ Por estar de moda.
   ☐ Por la marca.

9. ¿Has dejado de ir a un lugar porque no tenías la ropa que querías?
   ☐ Jamás.
   ☐ Pienso que no.
   ☐ Sí, una vez.
   ☐ Sí, muchas veces.

10. ¿Sigues pensando igual que al inicio de la encuesta? ¿Eres consumista?
    ☐ Sí.
    ☐ No.

Reflexiono

La industria de ropa de usar y tirar es la segunda que más residuos produce. En mi próxima compra puedo preguntarme: ¿Necesito esto?

Nuestro proyecto

Un Símbolo Nacional

Conecto con Ciencias Sociales

Bocas del Toro

Chiriquí

Panamá City

1 Datos de Panamá

Me fijo en el mapa y completo la información de Panamá.
Luego señalo: ¿verdadero (V) o falso (F)?

Panamá es un pequeño país que tiene forma de ese.
Está entre Centroamérica y ....
Tiene un canal que une el océano Atlántico y el Pacífico y están tan cerca que en un día despejado puedes ver los dos océanos.
Al norte limita con Costa .... y al sur con Colombia. La capital de la República de Panamá es .... y su bandera recuerda esa situación geográfica: parece que los cuadros de colores .... y .... son Centroamérica y Sudamérica y que las estrellas son los dos océanos que bañan el país: el océano .... y el ....
A pesar de ser un país tan grande como el estado de Carolina del Norte, tiene más especies de aves que la totalidad de los Estados Unidos y Canadá juntos.

V F
- ☐ ☐ Panamá es el país más pequeño de Centroamérica.
- ☐ ☐ En Panamá puedes estar el mismo día en el océano Atlántico y en el Pacífico.
- ☐ ☐ Panamá está entre Estados Unidos y Canadá.
- ☐ ☐ En su bandera hay muchas estrellas.
- ☐ ☐ Carolina del Norte es el estado con más especies de aves de EE. UU.
- ☐ ☐ Su bandera se parece a la geografía del país.

Pienso en días sin clase 3

MAR CARIBE

Colón · Panamá · Madugandi · Guna Yala
Buglé · Panamá Oeste · Wargandi
Cocié · **Golfo de Panamá** · Emberá Wounaan
Veraguas
Herrera · **OCÉANO PACÍFICO** · Emberá Wounaan · Darien
Los Santos

Contenido virtual

⚙️ 2 ¿Sombrero de Panamá? 🎧16

Escucho una curiosidad sobre el famoso sombrero de Panamá y respondo a las preguntas. Luego relaciono cada palabra con su definición.

1. ¿Cuál es el símbolo más representativo de Panamá para los turistas?
2. ¿Con qué se hacen los sombreros de Panamá?
3. ¿Dónde se fabrican estos sombreros?
4. ¿Por qué se llaman *sombreros de Panamá* si no se fabrican allí?

sombrero   gorro   gorra

..................: elegante, para el invierno y el verano.
..................: cuando hace frío.
..................: para protegerse del sol.

3 Ahora nosotros

Elegimos un país y describimos su símbolo. Para ello, nos informamos o buscamos información en Internet y redactamos un texto. Luego, lo contamos a la clase.

2 3 4 5
BNCC

Accedo a...

ELE digital

sesenta y tres 63

Cuaderno de ejercicios

Secuencia 1 — Cuento mis vacaciones

A Las actividades de vacaciones
Leo y relaciono.

1. Ir de...   a. ... la playa
2. Subir a...   b. ... caballo
3. Bañarse en...   c. ... museo
4. Probar...   d. ... la montaña
5. Montar a...   e. ... comida nueva
6. Visitar un...   f. ... una noria
7. Esquiar en...   g. ... compras

B Preguntas con pretérito perfecto compuesto
Hago preguntas, como en el ejemplo.

Estar en Chile → *¿Has estado alguna vez en Chile?*

1. Viajar en avión
2. Ganar un premio
3. Perder algo importante
4. Comer paella
5. Bañarse de noche en la playa
6. Montar en globo

Ciudad Puerto Varas (Chile)

Secuencia 2 — Describo mi verano

Participio de hacer... ¡hecho!

A El participio irregular
Escribo el participio irregular de estos verbos.

1. hacer →
2. poner →
3. decir →
4. romper →
5. abrir →
6. ver →
7. escribir →
8. volver →

B El pretérito perfecto compuesto (1)

Completo las frases con uno de estos verbos en pretérito perfecto compuesto.

romper – abrir – escribir – comer – viajar – jugar

1. Manuel _____ por todo el mundo.
2. Pablo Neruda _____ muchos poemas de amor.
3. ¿Quién _____ la botella de cristal?
4. Sandra _____ la ventana y hace mucho frío.
5. Esta mañana mi hermano y yo _____ con la videoconsola.
6. Andrea no _____ nada hoy porque le duele el estómago.

C El pretérito perfecto compuesto (2)

Completo las frases con un verbo en pretérito perfecto compuesto.

1. Esta mañana _____ (yo) muy temprano.
2. Nunca _____ (nosotros) en Cancún.
3. ¿_____ (Vosotros) la nueva película de Amenábar?
4. Esta tarde no _____ (yo) los deberes.
5. ¿_____ (Tú) alguna vez al voleibol?
6. Todavía no _____ (nosotros) la redacción para mañana.

D El pretérito perfecto compuesto (3)

Observo las imágenes y escribo qué ha hecho Sara hoy.

1. _____
2. _____ 
3. _____ 
4. _____ 
5. _____ 
6. _____

Secuencia 3 — Recuerdo las épocas de regalos

A. El pretérito perfecto compuesto y el presente
Elijo la opción correcta.

1. Todos los domingos **comemos/hemos comido** paella, pero este domingo **comemos/hemos comido** carne asada.
2. ¿**Ves/Has visto** la nueva película de Penélope Cruz?
3. Normalmente nos **levantamos/hemos levantado** a las 7:00, pero hoy nos **levantamos/hemos levantado** a las 8:00.
4. Los españoles **cenan/han cenado** muy tarde.
5. ¿Dónde **estás/has estado** esta mañana?
6. ¿**Estás/Has estado** alguna vez en Málaga?
7. Siempre **veo/he visto** un rato la tele después de comer, pero hoy no **puedo/he podido**.

B. Un día especial
Escucho y respondo a las preguntas. 🎧 17

1. ¿Por qué hoy es un día especial para David?
2. ¿Qué ha desayunado hoy? ¿Y qué desayuna normalmente?
3. ¿Qué ha sido lo peor del día?
4. ¿Qué hace normalmente por las tardes? ¿Y qué ha hecho hoy?
5. ¿Qué ha cenado hoy? ¿Y qué cena habitualmente?

C. ¿Pretérito perfecto compuesto o presente?
Escribo el verbo en el tiempo adecuado.

1. ¿_____ *(Probar)* alguna vez la comida mexicana?
2. Yo siempre me _____ *(acostar)* antes de las once de la noche.
3. Ya _____ *(responder)* a todos mis correos electrónicos.
4. Sara y Sonia normalmente _____ *(comer)* a las 14:00.
5. ¿_____ *(Ver)* mi teléfono? No lo encuentro.
6. Mi abuela _____ *(cocinar)* muy bien.
7. Hoy me _____ *(comprar)* una mochila nueva.
8. Esta semana no _____ *(ir)* a clase, estoy enferma.

Deliciosos tacos mexicanos

4 Elijo regalos originales

A Ocasiones de regalos
Escucho y marco verdadero o falso. 🎧 18

	V	F
1. Álvaro no ha tenido muchos regalos este año.	○	○
2. Le han regalado una bici por Navidad.	○	○
3. Sus padres le han comprado la camiseta de su equipo favorito.	○	○
4. Le han regalado un viaje a Argentina.	○	○
5. Sus amigos le han dado muchos regalos por su cumpleaños.	○	○
6. Sus amigos le han regalado un curso de español.	○	○

5 Voy de compras

A Los pronombres de complemento directo (1)
Sustituyo las palabras marcadas por un pronombre adecuado.

1. ¿Habéis enviado **las postales**?
2. Hemos comprado **unos libros** hoy.
3. He visto **la película** esta semana.
4. Los niños han roto **el cristal de la ventana**.
5. La abuela ya ha preparado **la comida**.
6. ¡Hemos descubierto **el secreto**!
7. ¿Has hecho **los deberes**?
8. He recogido **las cosas de la mesa**.

B Los pronombres de complemento directo (2)
Relaciono las preguntas con las respuestas y subrayo el complemento directo en las dos frases.

1. ¿Has visto la nueva serie de Netflix?
2. ¿Han comprado el regalo para el cumple de Ana?
3. ¿Has recibido el e-mail con las fotos?
4. ¿Has leído mi trabajo?
5. ¿Habéis entregado el trabajo de Literatura?
6. ¿Has probado la tarta?

a. Lo he empezado, pero no lo he terminado todavía.
b. Sí, claro. Ya lo hemos entregado.
c. Sí, la he probado hace un rato, está buenísima.
d. No, no la he visto todavía.
e. Sí, me han dicho que lo han comprado esta mañana.
f. No. Yo no. ¿Tú lo has recibido ya?

Secuencia 6 — Estoy en una tienda

A Conversaciones en las tiendas

Completo las conversaciones con estas frases, eligiendo las opciones correctas.

25 euros. – ¿Cómo **lo/la** quiere? – de qué **colores/sabores** – Del 38. – Estoy buscando **unos zapatos/unas zapatillas**. – ¿Tienen ya **el nuevo cómic/la nueva revista** de Superhéroes? – ¿Y cuándo **las/los** van a tener? – ya **lo/la** tenemos.

En la zapatería (1)

- Buenas tardes.
- Hola, buenas tardes. ¿En qué puedo ayudarle?
- _____
- Sí. ¿De qué número las necesita?
- _____
- Bueno, voy a mirar. Espere un momento, por favor.

En el quiosco (2)

- Buenos días.
- Hola, buenos días. ¿Qué desea?
- _____
- No, no los hemos recibido todavía.
- _____
- Creo que la próxima semana.

En la librería (3)

- Buenas tardes.
- Buenas tardes, ¿qué desea?
- ¿Tienen el último libro de García Márquez?
- Sí, _____
- ¿Cuánto cuesta?
- Pues _____

En la heladería (4)

- ¡Hola!
- Hola, buenas tardes. ¿Qué quiere tomar?
- Quiero un helado.
- _____
- Grande.
- ¿Y _____?
- Lo quiero de chocolate y vainilla, por favor.

DELE ESCOLAR A2

Expresión escrita

Una amiga me escribe para felicitarme por mi cumpleaños y decirme que no puede venir a mi fiesta. Leo el correo y le contesto.

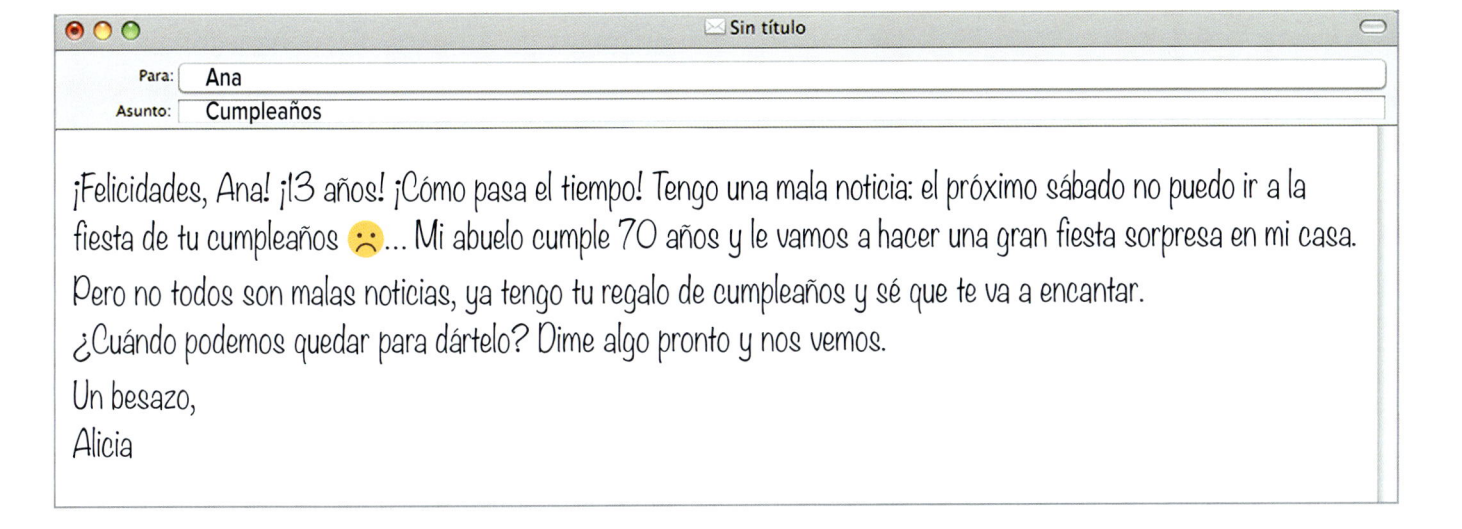

Para: Ana
Asunto: Cumpleaños

¡Felicidades, Ana! ¡13 años! ¡Cómo pasa el tiempo! Tengo una mala noticia: el próximo sábado no puedo ir a la fiesta de tu cumpleaños 😞... Mi abuelo cumple 70 años y le vamos a hacer una gran fiesta sorpresa en mi casa.

Pero no todos son malas noticias, ya tengo tu regalo de cumpleaños y sé que te va a encantar.

¿Cuándo podemos quedar para dártelo? Dime algo pronto y nos vemos.

Un besazo,
Alicia

En la respuesta tengo que:

- Saludar
- Darle las gracias por el regalo
- Decir que estoy triste porque no puede ir a mi fiesta
- Decir cuándo vamos a quedar
- Contarle cómo va a ser mi fiesta
- Despedirme

Número de palabras: entre 60 y 70.

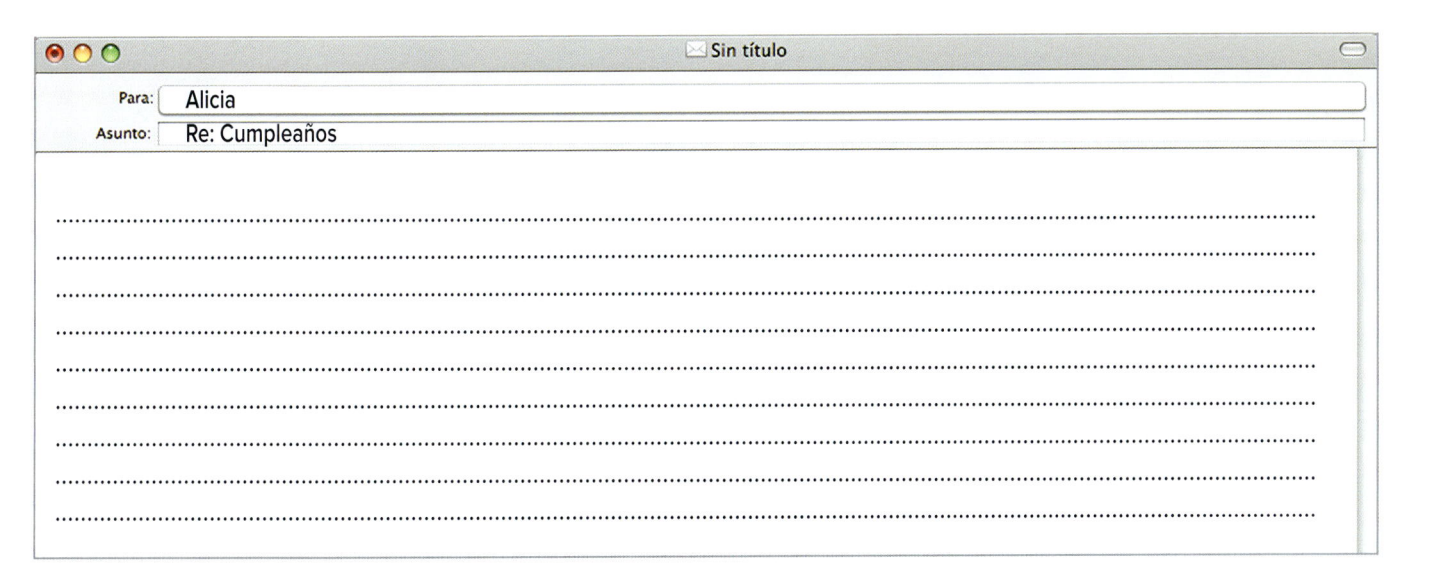

Para: Alicia
Asunto: Re: Cumpleaños

Unidad 4
Descubro mascotas

¿Qué animales solo viven en América del Sur?

👁 A Carlos le gustan muchísimo los animales y él y sus amigos hablan de los animales de América. Escucha y señala en las fotos el orden en que hablan de ellos. Luego, escribe el nombre. 🎧19

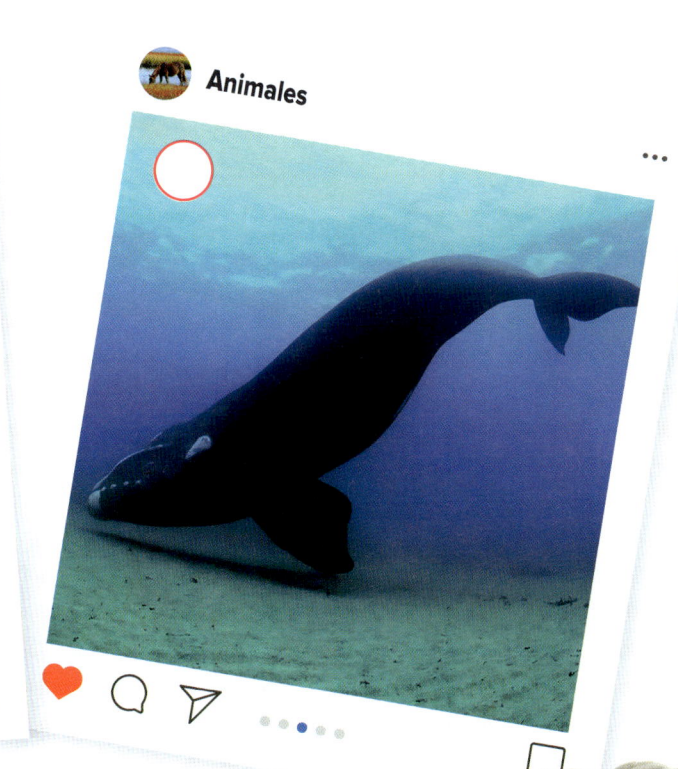

Animales

Animales

Competencias del Siglo XXI

🌍 *Maneras de vivir el mundo: la responsabilidad personal, mi actitud ecológica*

Clasifico estas actividades según mi opinión. Luego, reflexiono y comento con mis compañeros: ¿soy respetuoso con el entorno y con los animales?

	👍	👎
Saco a pasear a mi perro varias veces al día, así puede correr y jugar.		
Me gustan los zapatos de piel.		
Quiero tener un animal exótico como mascota.		
Nunca dejo basura en el campo.		
Me encantan los espectáculos con animales en el circo.		
En mi casa intentamos consumir productos ecológicos.		
Tengo una planta: la riego y la pongo al sol cuando lo necesita.		

7 9 10
BNCC

Animales

Contenido virtual

A mí me gustan mucho los animales. Aquí estoy con mis dos perros y mis dos gallinas. Y a ti, ¿te gustan los animales? ¿Cuál es tu animal favorito?

En esta unidad...

1. Conozco animales
2. Comparo animales
3. Descubro el mundo animal
4. Aprendo a elegir mascota
5. Hablo de animales que ayudan
6. Defiendo los derechos de los animales

... aprendo...

- Las comparaciones *más que*, *menos que*, *tan* y *tanto como*
- Las expresiones *hay que*, *se puede* y *no se puede* + infinitivo
- La formación de los adverbios en *-mente*

- Los animales: *el perro, el caballo, la tortuga...*
- Las características de los animales domésticos: *cariñoso, fiel, juguetón...*
- Las acciones de los animales: *jugar, correr, saltar...*

... para realizar...

Nuestro proyecto

Explico los animales

Pág. 82

setenta y uno 71

Secuencia 1 — Conozco animales

1. Conozco el nombre de los animales

a. Ordeno las letras y descubro el nombre de estos diez animales. Luego, escucho y compruebo. [20]

Mundo animal

1. RMHÁTES
2. CBALOAL
3. ROREP
4. ONJCEO
5. ALAKO
6. SATEZRVU
7. OTAG
8. NLBEALA
9. ZPE
10. TTOGARU
11. FÍDNEL
12. FELNTEAE
13. FAIJRA

1. ....
2. ....
3. ....
4. ....
5. ....
6. ....
7. ....
8. ....
9. ....
10. ....
11. ....
12. ....
13. ....

b. Copio en mi cuaderno y clasifico los animales de la actividad anterior en su categoría. Escribo en cada categoría otros animales que conozco.

Animales domésticos   Animales salvajes   Animales de granja

2. Descubro cómo hablar de animales

Escucho y relaciono la información con cada uno. [21]

	Carlos	Cristina	Joaquín
1. Le encantan los caballos.			
2. Le encantan los perros porque son cariñosos.			
3. Le gustan mucho todos los animales.			
4. Su animal favorito es el conejo.			
5. Tiene un animal en casa.			

3. Digo cuál es mi animal favorito

Ahora, digo cuál es mi animal preferido y por qué.

Secuencia 2 — Comparo animales

Descubro mascotas 4

1 Describo el carácter de los animales
Digo qué características tiene cada animal, según mi opinión. Luego, comparo mi opinión con la de mi compañero.

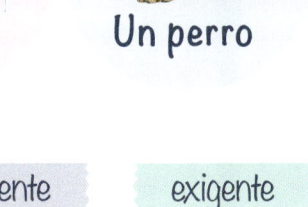

Una iguana   Un gato   Un hámster   Un pez   Un perro

divertido   aburrido   dócil   exótico   paciente   exigente

juguetón   inteligente   independiente   cariñoso

2 Aprendo a comparar

a. Marco si estoy de acuerdo o no con estas opiniones.

1. Los perros son más divertidos que los gatos.
2. Las iguanas son menos inteligentes que los gatos.
3. Los peces son tan aburridos como las iguanas.
4. Los perros son menos independientes que los gatos.
5. Los hámsteres son tan juguetones como los perros.

b. Busco ejemplos en la actividad anterior y completo la explicación.

Hacer comparaciones

De superioridad

Más + adjetivo +
Ejemplo:

De inferioridad

_____ + adjetivo + *que*
Ejemplo:

De igualdad

_____ + adjetivo + *como*
Ejemplo: *Los hámsteres son tan juguetones como los perros.*

3 Hago comparaciones
Comparo estos pares de animales.

1
2
3

setenta y tres 73

Secuencia 3 — Descubro el mundo animal

1. Descubro los récords de los animales

a. Leo y completo en mi cuaderno con los adverbios.

- totalmente
- diariamente
- rápidamente
- aproximadamente
- tranquilamente

Cosas que NO sabías de los animales

1. El avestruz es el animal que corre más .... a dos patas: llega a 70 km/h. El guepardo es el más rápido a cuatro patas: 100 km/h.
2. El animal más dormilón es el koala: puede dormir .... 22 horas al día.
3. El búho puede girar la cabeza ...., es decir, 360 grados.
4. El elefante africano come .... 200 kilos de comida.
5. La lengua de una ballena pesa .... igual que un elefante.

b. Relaciono.

1. Es el más rápido.
2. Es el más dormilón.
3. Es el más observador.
4. Es el más comilón.
5. Es el más pesado.

- a. Come diariamente mucho.
- b. Corre rápidamente.
- c. Duerme tranquilamente.
- d. Gira completamente la cabeza.
- e. Pesa aproximadamente 2,5 toneladas.

2. Aprendo los adverbios

Observo el cuadro y formo los adverbios de estos adjetivos.

inteligente - antiguo - tímido
tranquilo - peligroso - veloz

Adverbios en –mente

- Se forman con adjetivos en la forma femenina singular y añadiendo -mente:
  rápido → rápida → rápidamente
  El caballo es rápido.
  El caballo corre rápidamente.

3. Con mis palabras, formulo mis récords

Formulo frases con *el más...* y un adverbio en –mente.

1. El guepardo corre a 114 km/h.
2. La tortuga vive 200 años.
3. El pez vela nada a 109 km/h.
4. El delfín es inteligente y caza en equipo.
5. La abeja es incansable y trabaja para producir miel.

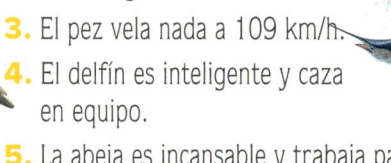

Aprendo a elegir mascota

1 Me informo de la mascota ideal
Leo la entrada de este blog y le pongo un título.

www.bloganimales.com

Una mascota no es un juguete. Las cachorros, tan pequeños, entrañables y juguetones, son una tentación para muchos dueños, que compran sin pensar en que ese pequeño peluche se va a hacer grande y va a necesitar muchos cuidados durante muchos años. Lo mejor es elegir una mascota según tu forma de ser y estilo de vida.

DIFERENTES MASCOTAS PARA DIFERENTES DUEÑOS

- **Personas que tienen tiempo y espacio.** Los perros son dóciles y cariñosos, pero exigentes: necesitan deporte, ejercicio y espacio. Su dueño ideal es una persona que vive en una casa grande o con jardín, en familia, con tiempo libre, y activa para salir a pasear o correr con ellos.
- **Personas que viven solas, trabajan fuera y pasan poco tiempo en casa.** Lo mejor es elegir una mascota tranquila o independiente, como un gato, un pájaro o un conejo.
- **Personas mayores.** Un perro puede hacer mucha compañía y servir de terapia a personas mayores, pero debe ser pequeño y tranquilo.
- **Niños y personas inexpertas.** Para los dueños sin experiencia con animales, o los niños que deben compartir la responsabilidad de cuidar la mascota con los padres, lo mejor es elegir una mascota más fácil de cuidar, como un pez, o divertidas, como un hámster.
- **Dueños exóticos.** Personas con experiencia con animales y conocimientos sobre mascotas exóticas, como serpientes o iguanas, que requieren condiciones muy precisas de temperatura, humedad y de alimentación para cuidarlas correctamente.

2 Aprendo a dar consejos
Observo. Luego, digo, como en el ejemplo, qué animal, según el blog, es bueno para estas personas.

Dar consejos
- Lo mejor para ti es... porque...
- Te aconsejo un/una... porque...
- Te recomiendo un/una... porque...
- Creo que para ti es bueno un/una... porque...

1. Para un niño que nunca ha tenido mascota
2. Para mi profesor, que vive solo y trabaja mucho
3. Para una familia que vive en una casa con jardín
4. Para un abuelo que vive solo

> Para un abuelo, yo creo que lo mejor es este perro, porque es pequeño y tranquilo.

3 Doy consejos
Hablo con cinco compañeros y les recomiendo un animal según sus características.

- Ana, ¿dónde vives?
- Vivo con mi familia en una casa con jardín.
- Pues te aconsejo un perro, porque puede correr en el jardín y jugar con tus hermanos.

Secuencia 5 — Hablo de animales que ayudan

1. Comprendo una información

a. Relaciono los animales con la información y descubro datos sorprendentes.

○ Se ha demostrado que estos simpáticos animales ayudan a mejorar el estado emocional y también ciertas enfermedades, como el autismo o el alzhéimer. Verlos nadar y saltar en el agua es muy divertido.

○ Los griegos recomendaban montar en estos animales para prevenir diferentes enfermedades físicas o psicológicas, ya que reaccionan ante nuestras emociones.

○ Estos insectos nos dan miel, pero también son los responsables de la reproducción de las plantas.

○ Son fieles y leales, pero no son solo la mejor compañía posible, son también los ojos de las personas que no pueden ver.

b. Respondo a las preguntas y escribo en mi cuaderno dos más para mi compañero.

1. ¿Qué enfermedades pueden curar los delfines?
2. ¿Qué animal reacciona ante nuestras emociones?
3. ¿Qué animal produce un alimento muy dulce?
4. ¿Cuáles ayudan a las personas que no pueden ver?
5. ¿Qué cultura los utilizaba para prevenir enfermedades?

2. Descubro los sufijos

Observo los ejemplos, completo la tabla y después elijo un adjetivo de la tabla para cada frase.

Sufijos

–able/ –ible: este sufijo se utiliza para formar adjetivos a partir de un verbo.
Si el verbo termina en *–ar* se añade *–able* y si acaba en *–er* o *–ir* se añade *–ible*.
Ejemplo: utilizar → utilizable, reconocer → reconocible

1. El delfín es un animal muy ....
2. Hay animales que se confunden con la naturaleza por sus colores y no son ....
3. Los perros son animales a los que les gusta estar con las personas, son muy ....
4. Los gatos no son muy .... , les gusta estar solos.

posibilitar	
	reconocible
	accesible
comprender	
amar	
socializar	

3. ¿Por qué el hombre debe cuidar de estos animales?

Relaciono. Luego, elijo otro animal que el hombre debe proteger.

1. llevan comida y bebida a personas perdidas
2. ayudan a predecir los cambios climáticos
3. ayudan a socializar
4. reparten las semillas en las selvas

a. Los monos son muy importantes para el ecosistema, porque .... y así crecen los árboles que son el oxígeno del planeta.
b. Las mariposas se mueven y buscan siempre el calor, por eso ....
c. Los caballos son muy buenos para los niños tímidos porque ....
d. Los perros San Bernardo ....

Secuencia 6 — Defiendo los derechos de los animales

Descubro mascotas 4

1. Comprendo una redacción
Leo la redacción y la completo.

Granja escuela ECOVIDA

Esta semana hemos ido con mi clase a visitar una _____. Ha sido muy interesante. Nos han explicado que hay que cuidar a los animales no solo por todas las cosas que nos dan, sino también porque tienen sus derechos. Primero hemos ido al huerto ecológico y hemos recogido verduras para la comida. Hay que comer bien. Donde están las _____ hemos cogido unos huevos. Luego, hemos ido a ver dos caballos y hemos _____ en uno. También hemos podido ver una _____ que da leche. Lo que más me ha gustado es poder plantar un árbol con mis compañeros, ha sido maravilloso. Le he comprado un bote de miel a mi madre, porque es muy saludable. En la granja hay muchas _____, pero no hay que tener miedo, porque están ocupadas haciendo miel.

2. Aprendo las expresiones de obligación y permiso
Completo el cuadro con ejemplos de la redacción. Luego, copio en mi cuaderno y completo el cartel.

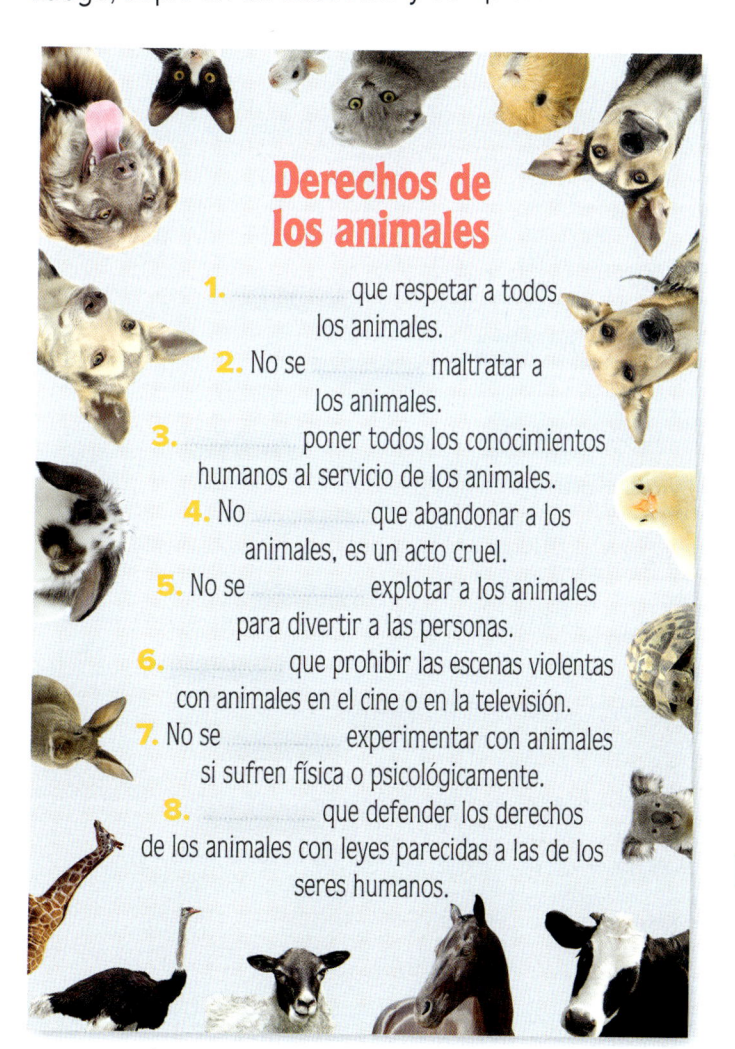

Para expresar obligación o permiso
- **Hay que** + infinitivo: expresa obligación de forma impersonal.
  Ejemplo:
- **Se puede** + infinitivo: se utiliza para dar permiso.
  Ejemplo:
- **No se puede** + infinitivo: expresa prohibición.
  Ejemplo:

Derechos de los animales
1. _____ que respetar a todos los animales.
2. No se _____ maltratar a los animales.
3. _____ poner todos los conocimientos humanos al servicio de los animales.
4. No _____ que abandonar a los animales, es un acto cruel.
5. No se _____ explotar a los animales para divertir a las personas.
6. _____ que prohibir las escenas violentas con animales en el cine o en la televisión.
7. No se _____ experimentar con animales si sufren física o psicológicamente.
8. _____ que defender los derechos de los animales con leyes parecidas a las de los seres humanos.

3. Escribo más derechos
Con mi compañero, escribo más derechos de los animales, utilizando Se puede, No se puede y Hay que.

Gramática

1 Expresiones de obligación o permiso con infinitivo

a Observo y busco ejemplos en la unidad.

Expresiones impersonales con infinitivo	
Para expresa obligación o necesidad	**Hay que** + infinitivo
Para pedir y dar permiso	**Se puede** + infinitivo
Para expresar prohibición	**No se puede** + infinitivo

b Copio en mi cuaderno y completo las frases con *hay que* o *tienes que*.

1. _____ hablar español con tus compañeros en clase.
2. _____ cuidar y respetar el medio ambiente.
3. _____ ir al dentista mañana.
4. _____ andar con cuidado, para no pisar las plantas.
5. _____ estudiar todos los días si quieres aprobar el examen.
6. _____ comer sano y hacer deporte todos los días.
7. _____ ir a comprar leche, no tardes mucho, por favor.
8. Antes de ir al cine, _____ hacer tú todos los deberes.

c Escribo en mi cuaderno diez normas para la clase utilizando estas estructuras.

Se puede - Hay que - No se puede

2 Las comparaciones

a Observo y busco ejemplos en la unidad.

Hacer comparaciones	
De superioridad	**Más** + sustantivo/adjetivo/Ø + **que**
De inferioridad	**Menos** + sustantivo/adjetivo/Ø + **que**
De igualdad	**Tan** + adjetivo + **como** **Tanto** + sustantivo/ Ø + **como**

b Copio en mi cuaderno y completo las frases para hacer comparaciones.

1. El perro es _____ elegante _____ el gato.
2. Los delfines son _____ juguetones _____ los perros.
3. Las gallinas son _____ aburridas _____ los gatos.
4. Las vacas son _____ gordas _____ los cerdos.
5. Los delfines son _____ inteligentes _____ los monos.
6. Los leones son _____ rápidos que los _____.
7. Los pájaros son _____ divertidos _____ las serpientes.
8. Los caballos son _____ bonitos que las serpientes.

c Escribo en mi cuaderno cinco frases comparativas utilizando estos adjetivos y varios animales.

1. juguetón
2. trabajador
3. inteligente
4. dócil
5. divertido
6. lento

3 Adverbios en –mente

Observo y formo adverbios a partir de estos adjetivos.

Adjetivo	Adjetivo en femenino	Adverbio en -*mente*
rápido	rápida	rápidamente
inteligente	inteligente	inteligentemente

1. Tranquilo
2. Rápido
3. Lento
4. Triste
5. Personal
6. Semanal
7. Responsable
8. Amable
9. Diario
10. Cariñoso

4 Verbos *gustar*, *encantar* y *odiar*

Observo y expreso mis gustos.

Gustos

(A mí)	me	gusta/ encanta	+ nombre singular/ infinitivo
(A ti)	te		
(A él, a ella, a usted)	le		
(A nosotros)	nos		
(A vosotros)	os	gustan/encantan	+ nombre plural
(A ellos)	les		

¡Ojo! El verbo **odiar** se utiliza para expresar sentimientos, pero no funciona como *gustar, encantar...*, funciona como un verbo normal: *yo odio, tú odias...*

1. (Bailar)
2. (Hacer la cama)
3. (Los animales)
4. (El deporte)
5. (Los videojuegos)
6. (El queso)
7. (La carne)

Secuencia final
Vecinos de América

Con los vecinos de América, interpreto y descubro otras versiones actuales del cuento de *Caperucita Roja*.

BNCC: 1, 2, 10

Bolivia Martina		¡Hola a todos! Esta semana estoy leyendo el cuento de *Caperucita Roja* con mi hermana pequeña y estoy buscando en Internet una explicación del cuento. Y a que no saben…
Uruguay Nicolás		¿Qué? ¡Cuenta, cuenta…!
Bolivia Martina		Para mí, el lobo de los cuentos es un simple animal feroz, que vive asustando a la gente por los caminos. Sin embargo, en este cuento el lobo es usado para alertar a las chicas del peligro de hablar con desconocidos. ¡Es la primera vez que leo algo así!
Perú Alejandro		Pero ¿por qué ponen a una chica hablando con un lobo?
Bolivia Martina		Bueno, es un símbolo. El lobo asusta a la gente en el campo, es un animal poco amigable y salvaje, pero en el cuento se muestra gentil y con ganas de ayudar.
Brasil Yo		La verdad es que el lobo engaña a la chica. El cuento de *Caperucita* es muy antiguo, pero hay muchas versiones modernas. Hay una en mi libro de portugués.
Uruguay Nicolás		¿Y qué explicación dan en las versiones modernas?

80 ochenta

Descubro mascotas 4

Brasil	Yo	Mi profesora, antes de leer esta versión, nos pregunta en clase: «¿Les parece que las mamás de hoy son como las de los cuentos? Caperucita camina por el bosque para llevar comida a su abuela, ¿cómo se soluciona eso hoy en día? ¿Cómo se comunican las familias actualmente?».
Uruguay	Nicolás	Empiezo a entender… Las madres trabajan mucho, no hay bosques en las ciudades, se usa mucho el móvil, pero ¿quién puede ser el lobo del siglo xxi?
Bolivia	Martina	Esta es una versión moderna del cuento. ¡Van a sorprenderse con el lobo! La comparto.

Una nueva interpretación

Leo y pongo en orden esta versión moderna del cuento que Martina ha compartido en el chat. Luego, lo finalizo.

○ En una de las redes de Cap, aparece un chico nuevo con el *nick* de Wolf, y a Cap le parece muy guapo. Wolf le hace algunas preguntas divertidas y Cap le cuenta que ya tiene que irse a casa de su abuela a recoger una ropa.

○ Cap está conectada a las redes sociales y no obedece a su madre. Entonces, pide la comida por una aplicación y le manda un mensaje al móvil de su abuela para avisarle que la comida va a llegar y que después ella va a buscar la ropa.

○ Wolf le ofrece ayuda para cargar la ropa y Cap le manda la dirección de su abuela para encontrarse allí. Wolf no es el chico de la foto, sino un adulto. Busca en *Google Maps* la dirección y llega primero a casa de la abuela. Le dice por el telefonillo que es un amigo de Cap, que ella está estudiando para un examen y no puede venir.

○ Caperucita es una chica rubia, alta y simpática. Tiene muchos amigos en las redes sociales que la llaman Cap. Su madre trabaja todo el día y hoy le ha pedido dos cosas: llevar comida a su abuela y traer la ropa sucia.

○ La abuela abre la puerta, ve que Wolf no es un chico joven y…

Nuestro proyecto
Explico los animales

Conecto con Biología

COSTA RICA

1 Datos de Costa Rica

Escucho y, después, señalo: ¿verdadero (V) o falso (F)? 🎧22

V F
- ☐ ☐ Su nombre oficial es República de Costa Rica.
- ☐ ☐ Limita al sur con Nicaragua y al norte con Panamá.
- ☐ ☐ Es uno de los países con mayor diversidad de animales y plantas.
- ☐ ☐ Cuenta con el 15 % del total de las especies de flora y fauna.
- ☐ ☐ Es el país con más zonas protegidas del mundo.
- ☐ ☐ Se caracteriza por altas temperaturas y un clima seco.
- ☐ ☐ Tiene volcanes apagados y otros con actividad.

2 Fauna de Costa Rica

Leo y respondo.

Costa Rica es hogar de más de 500 000 especies y uno de los 20 países con la más alta biodiversidad en el mundo.

Aproximadamente 225 reptiles se encuentran en Costa Rica, entre ellos cuenta con más de 130 especies de serpientes y algunas de ellas son venenosas. También tiene más de 70 especies de lagartos.

Respecto a las tortugas, cinco de las siete especies del mundo viven allí.

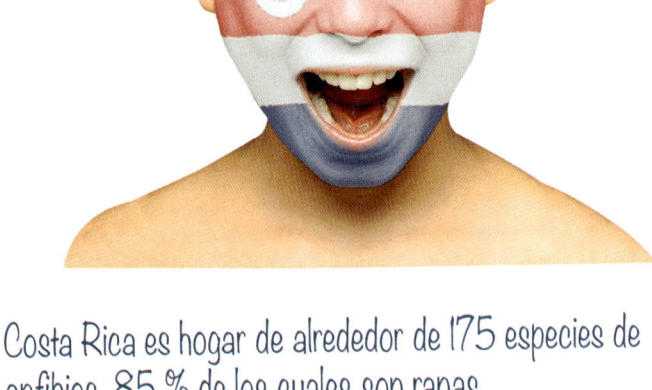

Costa Rica es hogar de alrededor de 175 especies de anfibios, 85 % de los cuales son ranas.

Respecto a las aves, los colores en sus plumas y sus increíbles cantos hacen que sean admiradas por turistas extranjeros y nacionales. En Costa Rica viven más de ocho especies de tucanes y más de 25 especies de palomas.

250 especies de mamíferos viven en este país. También tienen cuatro especies de monos.

Descubro mascotas 4

- ¿Qué animales son venenosos?
- ¿Cuántas especies de tortugas hay en el mundo?
- ¿Por qué son admiradas las aves de Costa Rica?
- ¿Qué dos especies hay especialmente en Costa Rica?

3 Animales autóctonos

a. Completo las palabras.

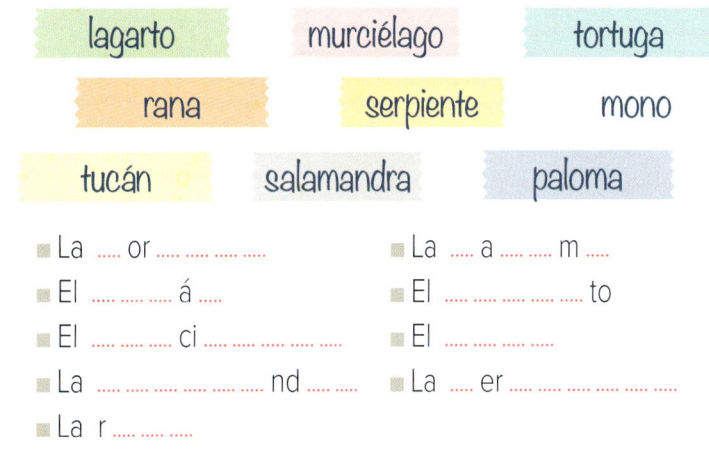

lagarto	murciélago	tortuga
rana	serpiente	mono
tucán	salamandra	paloma

- La ..... or ....
- El .... á.....
- El .... ci ....
- La .... nd ....
- La r ....

- La ..... a .... m .....
- El .... to
- El ....
- La ..... er ....

b. Clasifico los animales que aparecen en el texto en cada grupo. Después, añado dos más.

Reptiles	Anfibios	Aves	Mamíferos

4 Ahora nosotros

Buscamos información en Internet sobre los animales típicos de un país, elegimos uno y escribimos un texto sobre él.

- ¿Qué come?
- ¿Dónde vive?
- ¿Cuánto corre?
- Clasificación
- Número de patas

BNCC

contenido virtual

Accedo a...

ĒLE digital

Cuaderno de ejercicios

Secuencia 1 — Conozco animales

A Los nombres de los animales (1)
Encuentro los nombres de estos animales en la sopa de letras. Con las letras que no marco, descubro una frase oculta.

```
S E D I C E P Q U E E L P
E R R O E S E C E R D O V
L E L M E J Z O R A E M A
E P A J A R O I C G L O C
O D E L H O M B O R E E A
N Q U E L O S E N L F E F
A N T E S T I E E N A E N
M U Y B U E N A J M N E P
M O R I A Y Q U O E T E E
L L E C A B A L L O E O R
N G A L L I N A E S E L R
R E Y D E L A S E L V A O
```

Buena costumbre: _____ , _____ .

B Los nombres de los animales (2)
Clasifico estos animales.

cocodrilo - perro - tortuga - pez - gallina - pájaro - elefante - conejo

Animales que andan   Animales que vuelan   Animales que nadan

84 ochenta y cuatro

Secuencia 2 · Comparo animales

A · Los adjetivos de descripción (1)
Relaciono los adjetivos con su contrario.

1. paciente
2. cariñoso
3. inteligente
4. divertido
5. juguetón
6. independiente

a. torpe
b. dependiente
c. tranquilo
d. impaciente
e. aburrido
f. arisco

B · Los adjetivos de descripción (2)
Completo con estos adjetivos.

cariñoso - independientes - impaciente - juguetón - aburridas - inteligente

1. El hámster de mi compañera Ana es muy _____ : cuando llego, siempre quiere jugar conmigo.
2. Los gatos son animales _____ y pueden estar solos mucho tiempo.
3. El perro de Luis es muy _____ , siempre quiere besos y abrazos.
4. No me gustan las tortugas, son muy _____ , no hacen nada.
5. Mi perrito es muy _____ , todos los días me espera saltando y ladrando.
6. El pájaro de mi tía es muy _____ : puede diferenciar formas y colores.

C · Las comparaciones (1)
Completo las frases.

1. Mi hermano Jorge mide 1,78 y mi padre también: Jorge es _____ alto _____ mi padre.
2. Los elefantes son _____ grandes _____ los leones.
3. Leo Messi es _____ buen futbolista _____ Cristiano Ronaldo.
4. Madrid está a 544 km de Málaga y Salamanca está a 634 km. Salamanca está _____ lejos de Málaga _____ Madrid.
5. La sal es _____ dulce _____ el azúcar.
6. Los perros son _____ agresivos _____ los tigres.

D Las comparaciones (2)
Observo las imágenes y hago comparaciones con la característica dada.

grande
1. _____

alto
2. _____

pequeño
3. _____

Secuencia 3 — Descubro el mundo animal

A Los adverbios en -mente (1)
Transformo los siguientes adjetivos en adverbios.

1. rápido _____
2. personal _____
3. lento _____
4. igual _____
5. afortunado _____
6. indudable _____
7. amable _____

B Los adverbios en -mente (2)
Ahora, completo las frases con los adverbios anteriores.

1. Las tortugas caminan _____.
2. En la tienda nos han tratado _____.
3. • Hola, me llamo Jaime. Encantado.
   • _____, yo me llamo Santiago.
4. Esta mañana he conocido _____ a mi futbolista preferido.
5. El microondas calienta la comida _____: dos minutos y listo.
6. _____ han aprobado todos los exámenes.
7. Las mascotas no son juguetes, _____.

4 Aprendo a elegir mascota

A La mascota ideal
Recomiendo un animal para cada una de estas personas.

Antonio
Tengo 70 años y vivo solo en una casa muy grande.

Lucía
Nunca he tenido animales y tengo tres hijos.

Daniel
Me gustan mucho los animales y desde pequeño los he tenido en casa.

Amparo
Viajo mucho y solo estoy en casa tres días a la semana, tengo muy poco tiempo.

5 Hablo de animales que ayudan

A Los sufijos (1)
Escribo el verbo de estos adjetivos.

1. posible →
2. aceptable →
3. rompible →
4. bailable →
5. movible →
6. aconsejable →

B Los sufijos (2)
Ahora, elijo tres verbos anteriores y escribo tres oraciones.

1.
2.
3.

C **¿Qué animal es?**
Completo el crucigrama.

HORIZONTALES
1. Ayudan a personas con autismo. Verlos nadar y saltar es muy relajante.
2. Ayudan a personas con enfermedades físicas o psicológicas.
3. Son muy independientes, pero muy buenas mascotas.

VERTICALES
A. Producen miel.
B. Ayudan a predecir los cambios climáticos.
C. Ayudan a las personas que no pueden ver.

Secuencia 6 — Defiendo los derechos de los animales

A Las expresiones con infinitivo
Completo las frases con estas expresiones y estos verbos.

hay que – se puede – no se puede

hablar – preguntar – estudiar – utilizar – abrir – hacer

1. _____ todos los días después de clase.
2. ¿_____ el ejercicio con el compañero?
3. _____ las dudas al profesor.
4. _____ en voz alta.
5. ¿_____ el diccionario?
6. Chicos, en el examen _____ el libro.

DELE ESCOLAR A2

Expresión e interacción orales

DESCRIPCIÓN DE UNA FOTO

Describo detalladamente durante uno o dos minutos todo lo que veo en la foto. Estos son algunos aspectos de los que puedo hablar.

- ¿Cómo son las personas que aparecen en la foto?
- ¿Qué relación creo que tienen?
- Describo el físico y la ropa de algunos. ¿Qué carácter creo que tienen?
- ¿Qué animal hay en la foto? ¿Cómo es?
- ¿Cómo creo que es la relación del animal con las personas?
- ¿Qué van a hacer todos después?

ochenta y nueve 89

Unidad 5
Relato biografías

Fotos de familia

👁 Marcos está hablando con su padre. Escucho e identifico de qué fotos hablan. 🎧23

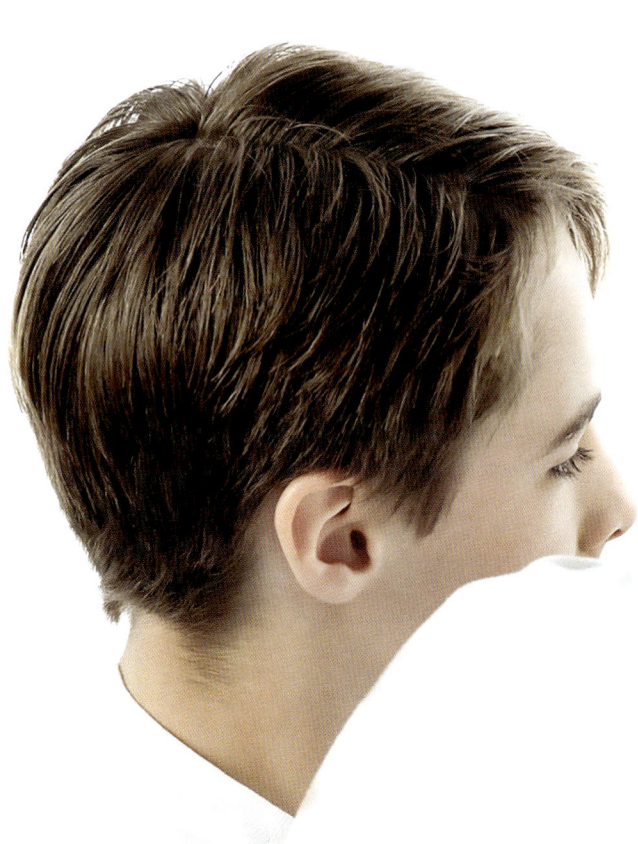

Competencias del Siglo XXI

BNCC 4 8 9

Maneras de trabajar: la empatía
Respondo estas preguntas y reflexiono. ¿Soy empático?

	siempre	a veces	nunca
Cuando una persona me cuenta un problema, intento sentir lo que siente.			
Escucho activamente cuando me cuentan algo.			
Respeto los sentimientos de las personas y no los juzgo.			
Las personas me dicen que se sienten cómodas cuando hablan conmigo.			

Contenido virtual

En esta unidad...

1. Descubro una historia de amor
2. Conozco a mis ídolos
3. Explico historias que marcan un récord
4. Narro historias creativas
5. Escribo en mi diario
6. Cuento anécdotas

...aprendo...

- El pretérito perfecto simple regular y de los verbos *ser*, *ir*, *estar* y *hacer*
- Los marcadores temporales con el pretérito perfecto simple
- La diferencia entre *por qué* y *porque*
- Los conectores *y*, *pero*, *luego* y *entonces*

- Los verbos para hablar de los momentos de la vida de una persona: *nacer*, *crecer*, *casarse*, *empezar a trabajar*...
- Los nombres de los grandes inventos: *la calculadora*, *Internet*, *el teléfono*...

...para realizar...

Nuestro proyecto
Mi libro favorito
Pág. 102

Secuencia 1 — Descubro una historia de amor

1. Conozco la vida de Shakira y Piqué, mis ídolos
Leo, pongo título a la historia y respondo.

Famosos

Shakira y Piqué son mis ídolos y, además, ¡son pareja!

Esta es su historia: Shakira nació el 2 de febrero de 1977 en Barranquilla (Colombia). Diez años más tarde, Gerard Piqué nació en Barcelona (España)… también el día 2 de febrero.

Shakira y Piqué se conocieron en 2010, en el Mundial de Sudáfrica: Piqué participó en la Selección Nacional de fútbol de España, equipo que ganó el campeonato, y la cantante colombiana cantó su famoso *Waka, waka*, la canción de la Copa del Mundo.

En 2011 los dos compartieron en Twitter una foto de ellos juntos y confirmaron su relación. Shakira afirmó: «Conocí a Gerard y salió el sol».

Poco después llegaron los niños: en 2013 nació Milan y en 2015 Sasha, que nacieron en Barcelona.

1. ¿Dónde se conocieron Shakira y Piqué?
2. ¿Cuál es la profesión de Shakira?
3. ¿Cómo informaron de su relación?
4. ¿Qué ganó la selección de fútbol española en Sudáfrica en 2010?
5. ¿Cuántos hijos tienen Shakira y Piqué?
6. ¿En qué año nació su hijo Milan?

2. Aprendo el pretérito perfecto simple
Busco en la biografía verbos en pasado y digo el infinitivo. Luego, completo el cuadro.

Pretérito perfecto simple

	-AR cantar	-ER nacer	-IR compartir
(yo)	canté	nac……	compartí
(tú)	cantaste	naciste	compartiste
(él, ella, usted)	cant……	nac……	compartió
(nosotros, nosotras)	cantamos	nacimos	compartimos
(vosotros, vosotras)	cantasteis	nacisteis	compartisteis
(ellos, ellas, ustedes)	cant……	nac……	compart……

3. Uso el perfecto simple
Copio en mi cuaderno y completo las frases.

1. Yo …………… *(nacer)* en 2003 y mi hermano …………… *(nacer)* en 2001.
2. Hace dos años mis padres y yo …………… *(viajar)* a Chile.
3. ¿Ayer …………… *(escribir, vosotros)* el texto que mandó la profesora?
4. El año pasado Alberto y Ana …………… *(casarse)*.
5. ¿…………… *(Ver)* el partido de fútbol?
6. Pablo Neruda …………… *(vivir)* en España.

Secuencia 2 — Conozco a mis ídolos

1. Conozco a los ídolos de estos chicos

a. ¿A quién conozco de estas personas? Digo lo que sé de ellos.

b. Escucho y relaciono a estos chicos con sus ídolos. (24)

MARCOS — GLORIA — JAVIER — ELENA

c. Completo, escucho de nuevo y relaciono estos datos con los personajes anteriores. (24)

1. Me gusta como futbolista y, además, porque se _____ *(mudar)* de Málaga a la capital de España para jugar en el Real Madrid, igual que yo.

2. Mucha gente no lo sabe, pero _____ *(fundar)* una asociación para ayudar a los niños y jóvenes con problemas y, por eso, me encanta.

3. Es mi ídolo porque _____ *(dejar)* sus estudios para cuidar a su familia y _____ *(empezar)* a trabajar en una tienda.

4. Es genial: _____ *(actuar)* en *Harry Potter* y en *Crepúsculo*, dos de mis películas preferidas.

2. Aprendo a expresar la causa y presento a mi ídolo

Relaciono las preguntas y las respuestas y completo la explicación.

1. ¿Por qué se mudó de ciudad tu hermano? ○
2. ¿Por qué creó esa asociación? ○
3. ¿Por qué te gusta tanto? ○
4. ¿Por qué admiras a esa persona? ○

○ Porque es una persona muy solidaria.
○ Es que empezó a jugar en el equipo de allí.
○ Porque empezó desde abajo y lo ha conseguido todo con su trabajo.
○ Es que es un actor buenísimo... ¡y muy guapo!

La causa

1. ¿_____ + verbo?
2. Porque _____ + verbo

3. Con mis palabras, presento a mi ídolo

¿Quién es?, ¿por qué lo admiro?

Relato biografías 5

noventa y tres 93

Secuencia 3 — Explico historias que marcan un récord

1. Conozco algunos récords mundiales

a. Leo y digo si creo que los récords son verdaderos o falsos, utilizando el verbo *parecer*, como en los ejemplos.

Récords mundiales

V F
- ☐ ☐ El hombre más alto del mundo mide 2,51 metros.
- ☐ ☐ El cantante más exitoso fue Michael Jackson, que vendió 750 millones de discos.
- ☐ ☐ El hombre que estuvo más tiempo debajo del agua lo hizo durante 31 minutos.
- ☐ ☐ Michael Phelps es el deportista con más medallas en unos Juegos Olímpicos: ganó ocho.
- ☐ ☐ El perro más viejo llegó a los 30 años y medio.

> A mí me parece que nadie mide 2,50 metros, que es imposible.

> A mí me parece que es verdad, por ejemplo, los jugadores de baloncesto.

b. Escucho y compruebo mis respuestas. 🎧25

2. Aprendo algunos verbos irregulares

Busco en la actividad anterior las formas para completar la tabla.

Pretérito perfecto simple irregular

	ser/ir	hacer	estar
(yo)		hice	estuve
(tú)	fuiste	hiciste	estuviste
(él, ella, usted)			
(nosotros, nosotras)	fuimos	hicimos	estuvimos
(vosotros, vosotras)	fuisteis	hicisteis	estuvisteis
(ellos, ellas, ustedes)	fueron	hicieron	estuvieron

3. Hablo correctamente en pasado

Copio en mi cuaderno y completo.

1. El año pasado mis padres y yo .... *(ir)* al parque de atracciones.
2. Messi .... *(ser)* el futbolista con mayor número de goles en 2012.
3. Usain Bolt .... *(hacer)* los 100 metros lisos en 9,58 segundos.
4. Mis amigos .... *(estar)* en España el año pasado.
5. Mis padres y sus amigos .... *(ir)* al cine ayer por la noche.

Secuencia 4 — Narro historias creativas

Relato biografías 5

1. Conozco algunos inventos españoles

Estas personas no tienen ningún récord, pero sus inventos nos hacen la vida más fácil o más divertida. Leo sus fichas y las relaciono con sus inventos.

1. Leonardo Torres fue el inventor de este objeto que ayuda a hacer cálculos matemáticos digitalmente. Blaise Pascal inventó la primera calculadora mecánica, Leonardo Torres ayudó a hacer los cálculos más rápido.

2. Alejandro Campos estuvo en un hospital durante la Guerra Civil española y fue duro ver a los niños tristes por no poder jugar al fútbol. ¿Qué hizo? Un campo de fútbol en una pequeña mesa y los niños volvieron a sonreír.

3. Enric Bernat nació en una familia de pasteleros y un día encontró la solución para ayudar a los niños a comer caramelos y dulces sin ensuciarse las manos: colocó un palo al caramelo e inventó esta dulce golosina.

4. Guillermo González Camarena nació en Guadalajara, México. Fue un ingeniero eléctrico conocido por dar color a nuestra televisión.

5. El Dr. Domingo Liotta nació en Argentina, aunque sus padres eran italianos. Creó el primer corazón artificial que se trasplantó exitosamente en un ser humano.

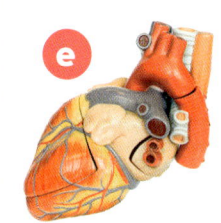

2. Descubro verbos irregulares en pasado

a. Escribo en mi cuaderno las formas del pretérito perfecto simple de estos verbos. ¿Cuáles son irregulares?

volver   nacer   estar   ayudar   utilizar   inventar

colocar   ser   evitar   hacer

b. Pongo el verbo en la forma adecuada. ¿A cuál de los inventos anteriores hace referencia cada titular?

1. Crearon dos tipos: en uno .... *(colocar)* los jugadores con las piernas abiertas y en otro con las piernas cerradas.
2. Dalí .... *(diseñar)* el papel de este producto.
3. Después de este invento, ... *(crear)* el jugador automático de ajedrez gracias a sus estudios anteriores.

3. Presento mi invento favorito

Pienso en un objeto importante, investigo y explico el invento.

Secuencia 5 — Escribo en mi diario

1. Conozco la historia de una familia
Leo el diario de Carmen y respondo a las preguntas.

Me llamo Carmen

Ayer mi madre me contó cómo conoció a mi padre, es una bonita historia.

Mi padre es chileno, pero fue a España para terminar sus estudios. Vivió un año en Madrid y allí conoció a mi madre.

Mi madre es madrileña y conoció a mi padre en la universidad.

El primer día de clase, mi padre se sentó al lado de mi madre y le preguntó su nombre, pero ella le respondió con otra pregunta: «¿De dónde eres?». Mi padre entonces le contestó: «Soy chileno y me llamo Marcelo», pero ella no respondió.

Pasó una semana y, al final, ella le escribió en un papel, con letras muy grandes, «Me llamo Carmen». Dos años después se casaron en Chile. Fueron de viaje de novios a España.

1. ¿Cómo se llaman los padres de Carmen?
2. ¿Dónde se conocieron?
3. ¿De dónde es el padre? ¿Y la madre?
4. ¿Dónde se sentó el padre el primer día de clase?
5. ¿Qué preguntó el padre a la madre?
6. ¿Qué preguntó la madre al padre?
7. ¿Qué escribió en el papel la madre?
8. ¿Dónde se casaron?

2. Conozco los conectores
a. Relaciono los conectores con su significado.

Los conectores

Y	Une elementos o ideas contrarias.
Pero	Se usa para hablar del momento posterior al que estamos hablando. Es sinónimo de *después*.
Luego	Une elementos o ideas semejantes.
Entonces	Se refiere al momento del que estamos hablando.

b. Copio y completo el texto en mi cuaderno.

Hace dos años conocí a una chica en mi pueblo. La vi _____ me enamoré de ella. Nos hicimos muy amigos, _____ sus padres se fueron a vivir a la ciudad y no volví a verla. _____, yo también me fui a vivir con mis padres a la ciudad _____ la encontré un día paseando por el centro comercial y _____ volvimos a ser amigos.

3. Escribo un relato
En mi diario, escribo cómo conocí a mi mejor amigo utilizando los conectores.

Secuencia 6: Cuento anécdotas

Relato biografías 5

1. Conozco las anécdotas de algunas familias
Escucho las anécdotas y las relaciono con una imagen. Después, digo si las afirmaciones son verdaderas (V) o falsas (F). [26]

	V	F
1. Eduardo nació en el cine.	☐	☐
2. El abuelo de Marta le dio una sorpresa a su padre por su cumple.	☐	☐
3. El último cumpleaños que celebraron juntos fue hace seis años.	☐	☐
4. El hermano de Marcos nació un día que él hizo un examen.	☐	☐
5. Marcos no aprobó el examen.	☐	☐
6. Los abuelos y los tíos de Patricia se casaron el mismo día.	☐	☐
7. Los abuelos y los padres de Patricia celebran el aniversario de boda el mismo día.	☐	☐

2. Aprendo a reaccionar
Escucho otra vez y numero las expresiones. Luego, anoto otras que conozco. [26]

¡Qué bien, qué suerte!

¡Qué divertido!

¡Qué sorpresa!

¡Qué casualidad!

3. Cuento mis anécdotas
Escribo tres anécdotas personales y las leo a la clase.

Gramática

1 Pretérito perfecto simple: verbos regulares

a Elijo otro verbo y lo conjugo.

Pretérito perfecto simple

	-ar cantar	-er nacer	-ir compartir	Mi verbo
(yo)	canté	nací	compartí	
(tú)	cantaste	naciste	compartiste	
(él, ella, usted)	cantó	nació	compartió	
(nosotros, nosotras)	cantamos	nacimos	compartimos	
(vosotros, vosotras)	cantasteis	nacisteis	compartisteis	
(ellos, ellas, ustedes)	cantaron	nacieron	compartieron	

b Copio en mi cuaderno y completo las frases con los verbos en la forma adecuada.

1. Mis abuelos _____ *(vivir)* veinte años en Chile.
2. La semana pasada yo _____ *(comprar)* un diccionario de español.
3. Ayer nosotros _____ *(comer)* tarta de manzana en casa de mi tía Marta.
4. ¿A qué hora _____ *(volver, vosotros)* del partido?
5. Mi madre _____ *(escribir)* un correo electrónico a mi profesora.
6. Ayer _____ *(olvidar, yo)* mis gafas de sol en tu casa, ¿no?
7. En París, mi padre y yo _____ *(subir)* a la Torre Eiffel.
8. ¿_____ *(Ver, tú)* el partido de fútbol anoche en la tele?

2 Pretérito perfecto simple: verbos irregulares (1)

a Copio en mi cuaderno y completo la tabla con estas formas.

hice - estuvo - fui (2) - estuve - fue (2) - fuisteis - hizo - fueron - estuvisteis - estuviste - hicieron

Pretérito perfecto simple irregular (1)

	ser	ir	hacer	estar
(yo)				
(tú)	fuiste	fuiste	hiciste	
(él, ella, usted)				
(nosotros, nosotras)	fuimos	fuimos	hicimos	estuvimos
(vosotros, vosotras)		fuisteis	hicisteis	
(ellos, ellas, ustedes)	fueron			estuvieron

Relato biografías 5

b) Copio en mi cuaderno y completo con los verbos en presente o pretérito perfecto simple.

1. De lunes a viernes _____ *(tener, nosotros)* clases en el instituto.
2. El lunes pasado mi compañera Sandra _____ *(estar)* enferma.
3. El año pasado mi clase _____ *(ir)* al museo.
4. La semana pasada _____ *(hacer, yo)* el examen de Matemáticas.
5. Ana y Míriam _____ *(ir)* los martes y los jueves a la piscina.
6. Normalmente me _____ *(duchar, yo)* por las noches, pero ayer me _____ *(duchar)* por la tarde, después del partido de fútbol.
7. ¿Te _____ *(gustar)* la película de ayer? A mí me _____ *(encantar)*.
8. Papá _____ *(llegar)* a casa a las ocho de la tarde.

c) Completo libremente con los verbos anteriores.

1. El año pasado _____
2. Ayer _____
3. El fin de semana pasado _____
4. Hace dos años _____
5. El mes pasado _____
6. La semana pasada _____
7. El curso pasado _____
8. El martes pasado _____

3 Diferencia entre *por qué* y *porque*

a) Observa y da un ejemplo de cada uno.

La causa
Para hacer preguntas: **¿Por qué** + verbo?
Para dar las respuestas o informar: **Porque/Es que** + verbo

b) Elijo la opción correcta.

1. ¿*Porque/Por qué* llegaste tarde?
2. Luis hizo bien el examen *porque/por qué* estudió mucho.
3. Mamá compra en este supermercado *porque/por qué* es muy barato.
4. No entiendo *porque/por qué* no quieres ver esa película.
5. ¿*Porque/Por qué* sabes cocinar tan bien?
6. Voy al quiosco *porque/por qué* tengo que comprar el periódico para papá.
7. Nuestro equipo perdió *porque/por qué* jugó muy mal.
8. ¿*Porque/Por qué* no vamos a la hamburguesería?

Secuencia final
Vecinos de América

Con los vecinos de América vamos a reflexionar sobre cómo se aprenden lenguas. Para ello, vamos a conocer un documento con el que también podemos trabajar nosotros: el *Portfolio europeo de lenguas*.

8 9 10
BNCC

Conozco el porfolio de lenguas

1 Leo, reflexiono y completo mi *Portfolio de lenguas*.

Brasil — Yo
Chicos, ¿conocen el *Portfolio europeo de lenguas*? Algunos chicos escriben en una plataforma digital todo lo que aprenden sobre las lenguas y su cultura.

Uruguay — Nicolás
Sí, lo estoy mirando en internet. Es un registro digital de lo que estudiamos, en la escuela o fuera, y tiene tres partes: pasaporte, biografía lingüística y carpeta de materiales. ¿Se animan?

2 Identifico las habilidades según los niveles para autoevaluarme:

Escuchar	Leer	Hablar	Escribir
1. Entiendo palabras y frases muy básicas.	**1.** Comprendo palabras y frases simples.	**1.** Uso palabras simples y creo frases sencillas.	**1.** Puedo escribir postales y completar mis datos.
2. Reconozco la idea central de un mensaje.	**2.** Leo textos con información básica.	**2.** Uso frases y expresiones variadas.	**2.** Consigo escribir mensajes sencillos.
3. Comprendo varias ideas principales.	**3.** Comprendo textos largos y correos.	**3.** Sé contar una historia y me comunico en un país extranjero.	**3.** Escribo sobre temas conocidos con facilidad.
4. Entiendo discursos y conferencias.	**4.** Interpreto artículos e informes.	**4.** Puedo comunicarme en viajes. Opino sobre el entorno.	**4.** Elaboro textos claros sobre diferentes temas.
5. Comprendo sin esfuerzo a los nativos.	**5.** Leo textos literarios y artículos especializados.	**5.** Tengo fluidez para charlar y me comunico de modo adecuado.	**5.** Escribo sobre temas más complejos y nuevos.

Relato biografías 5

3 Ahora evalúo cada uno de los idiomas que conozco, puntuando de 1 a 5 mis habilidades:

Idioma	Escuchar	Leer	Hablar	Escribir

Nicolás — Uruguay
Me gusta la idea. ¡Qué diferente es ver las lenguas así! Yo veo muchas series en portugués y descubro muchas cosas de Brasil. Eso es lo que dice mi profe: aprender una lengua y su cultura es practicar la tolerancia y el respeto.

Yo — Brasil
¿Creen que aprendemos todos del mismo modo? Yo, por ejemplo, he mejorado mucho el español en este chat. Martina, ¿qué haces?

Martina — Bolivia
Yo estudio inglés con canciones, tengo un cuaderno de apuntes solo para eso. Cuando no conozco una palabra, la busco y la escribo. Y también canto…

Alejandro — Perú
Entonces, ¿completamos las fichas de la biografía lingüística y comparamos después?

Reflexiono
¿Tengo facilidad para aprender esta lengua? ¿Cómo la estudio? ¿Presto atención a lo que aprendo? ¿Hago ejercicios? ¿Veo películas y series en esta lengua? ¿Y escucho canciones? ¿La uso en las aplicaciones? ¿Publico cosas en Internet en esta lengua? ¿La uso para hablar? ¿Viajo a lugares y descubro su cultura?...

4 Mi biografía lingüística. Relleno una página para cada lengua:

- Lengua:
- Tiempo de aprendizaje:
- Lugar de aprendizaje:
- Breve texto de reflexión:

Nuestro proyecto

Mi libro favorito

Conecto con Literatura

Don Quijote de la Mancha

Don Quijote de la Mancha es una de las obras más importantes de la literatura universal. Es una novela escrita por el español Miguel de Cervantes. La primera parte se publicó en 1605 y la segunda en 1615. El argumento es muy original: es la historia de un hombre que, después de leer muchos libros de aventuras, se volvió loco y decidió recorrer el mundo y ser él el protagonista de las aventuras. Con él va su inseparable y leal amigo, Sancho Panza. Sancho y Don Quijote son los protagonistas de la obra.

1 Aprendo a hablar de una obra literaria

Leo el texto sobre *Don Quijote de la Mancha* y respondo a las preguntas.

- ¿*Don Quijote de la Mancha* es una novela o una obra de teatro?
- ¿Quién la publicó?
- ¿Cuándo se escribió?
- ¿Quiénes son los principales protagonistas?
- ¿Qué cuenta la historia? Usa tus palabras.

Miguel de Cervantes

2 Relaciono

Relaciono las palabras con su definición.

obra argumento protagonista autor publicar

- Personaje principal
- Libro
- Escritor
- Imprimir y vender un libro
- La historia del libro

3 Me fijo en cómo escribir una biografía

Ahora, copio en mi cuaderno y completo la biografía de Cervantes con la forma correcta del verbo en pretérito perfecto simple.

Miguel de Cervantes .... *(nacer)* en Alcalá de Henares en 1547. .... *(Ser)* el cuarto hermano de siete y su familia .... *(tener)* muchos problemas económicos. .... *(Estudiar)* con un maestro jesuita y, a los 22 años, se .... *(hacer)* soldado. .... *(Participar)* en una guerra muy importante, conocida como la Batalla de Lepanto. .... *(Tener)* muchos trabajos y escribió mucho. .... *(Morir)* en 1616, el mismo día que otro gran escritor peruano conocido como el Inca Garcilaso de la Vega. El 23 de abril se celebra el Día Mundial del Libro en su honor y en el de Shakespeare.

4 Ahora nosotros

Pienso en mi obra favorita, investigo y escribo una descripción de la obra y el autor. Cuento a mis compañeros mi obra y explico por qué me gusta. Entre toda la clase, elegimos las tres obras preferidas.

BNCC 3 4 5

Contenido virtual

Accedo a...

ELE digital

Cuaderno de ejercicios

Secuencia 1 — Descubro una historia de amor

A El pretérito perfecto simple (1)
Completo las frases con la forma correcta de los verbos.

1. Mis padres _____ *(casarse)* en Valencia.
2. Mi hermano _____ *(nacer)* en 2004.
3. Alberto _____ *(vivir)* dos años en Caracas.
4. Ayer _____ *(comer, yo)* en casa de mi abuela.
5. ¿_____ *(Jugar, tú)* ayer con la Play?
6. ¿Al final _____ *(escribir, vosotros)* a vuestra profesora?
7. El verano pasado mis abuelos me _____ *(comprar)* una bici.
8. Mi tío me _____ *(regalar)* un libro de viajes por mi cumpleaños.

B El pretérito perfecto simple (2)
Leo y marco la forma del perfecto simple. Luego, indico la persona.

1. Cantas, canta, canté, cantan, canto, cantáis.
2. Comemos, comisteis, comen, como, comes, coméis.
3. Viví, vivo, vive, vivís, viven, vives.
4. Escriben, escribís, escribí, escribo, escribe, escribes.
5. Estudian, estudias, estudio, estudió, estudia, estudiáis.
6. Bebes, bebéis, bebemos, bebimos, bebo, beben.
7. Subes, subiste, subo, suben, sube, subís.
8. Aprendo, aprenden, aprendemos, aprendieron, aprendes, aprendéis.

C El pretérito perfecto simple (3)
Completo las frases con uno de estos verbos en la forma adecuada.

escribir – hablar – beber – regalar – conocer

1. Ayer yo _____ un zumo natural de naranja muy rico.
2. Pablo _____ muy bien en la reunión.
3. La profesora _____ en la pizarra las formas del pretérito perfecto simple.
4. Mis padres se _____ hace 20 años.
5. El pasado viernes mis amigos y yo le _____ un balón a nuestro entrenador de baloncesto.

2 Conozco a mis ídolos

A Dar información pasada
Leo y marco si estas afirmaciones pueden ser verdaderas o no. Si son falsas, explico por qué.

	V	F
1. El día que yo nací, el hombre llegó a la Luna. Nací en 1999.	○	○
2. Mi abuelo tiene 70 años y nos contó a mi hermano y a mí historias que vivió durante la Primera Guerra Mundial.	○	○
3. Mi hermano pequeño nació en 2013, ese año hicieron papa a Francisco.	○	○
4. Fui el único superviviente de un accidente en el que no hubo supervivientes.	○	○
5. Mi abuelo estuvo en la casa de Cervantes, durante unos años fueron muy amigos.	○	○

B La causa
Elijo la opción correcta.

1. • ¿**Por qué/Porque** viajaste a Málaga el fin de semana?
   • **Por qué/Porque** mis padres organizaron el viaje.
2. El sábado tomé un helado **por qué/porque** me gusta mucho.
3. ¿**Por qué/Porque** escribiste ese cuento?
4. • Gabriel, ¿**por qué/porque** dejaste los estudios?
   • Dejé los estudios **por qué/porque** empecé a trabajar.
5. Compraron las entradas por Internet **por qué/porque** es más cómodo.

Málaga (España)

C El pasado
Subrayo los verbos en perfecto simple de las frases anteriores. Luego, elijo tres y escribo tres frases.

1.
2.
3.

Secuencia 3: Explico historias que marcan un récord

A El pretérito perfecto simple irregular (1)
Relaciono los verbos con las frases.

1. hacer
2. estar
3. ir
4. ser

a. Juan y yo estuvimos en casa de nuestros abuelos ayer.
b. Ellos no fueron al cine el sábado.
c. Mi abuelo fue abogado en Lima.
d. ¿Qué hicisteis ayer?

B El pretérito perfecto simple irregular (2)
Completo las frases con la forma correcta del pretérito perfecto simple.

1. ¿_____ (Hacer, tú) ayer los deberes de Matemáticas?
2. Ayer _____ (estar, yo) en el cine con mi hermano.
3. ¿_____ (Ir, vosotros) al centro comercial el domingo?
4. El cumpleaños de mi abuelo _____ (ser) la semana pasada.
5. El domingo pasado mi madre _____ (hacer) una paella muy buena.
6. El año pasado mi hermana y yo _____ (ir) con mis padres a México.
7. El fin de semana pasado _____ (hacer) mucho frío.
8. Ana y Laura _____ (ir) a hablar con su profesor el martes por la tarde.

C El pretérito perfecto simple irregular (3)
Completo las frases con uno de estos verbos en la forma correcta del pretérito perfecto simple. Después, respondo a las preguntas.

ser – ir – hacer – estar

1. ¿El fin de semana pasado _____ en casa de tu abuela?
2. ¿_____ ayer los deberes?
3. ¿Quién _____ el futbolista con más goles en 2012?
4. ¿_____ con tus padres al cine el domingo pasado?

D Las preguntas en pretérito perfecto simple
Escribo preguntas usando los verbos anteriores en pretérito perfecto simple. Después, se las hago a un compañero de clase.

Narro historias creativas

A **Los nombres de los inventos españoles (1)**
Relaciono las descripciones con el nombre del invento.

1. Tiene un palo y es dulce.
2. Sirve para navegar debajo del agua.
3. La utilizo en clase de Matemáticas.
4. Tiene palo y sirve para limpiar.
5. Con él puedo jugar al fútbol sin salir de casa.

a. la calculadora
b. la fregona
c. el futbolín
d. el submarino
e. el chupachups

B **Los nombres de los inventos españoles (2)**
Completo este crucigrama con los nombres de los inventos.

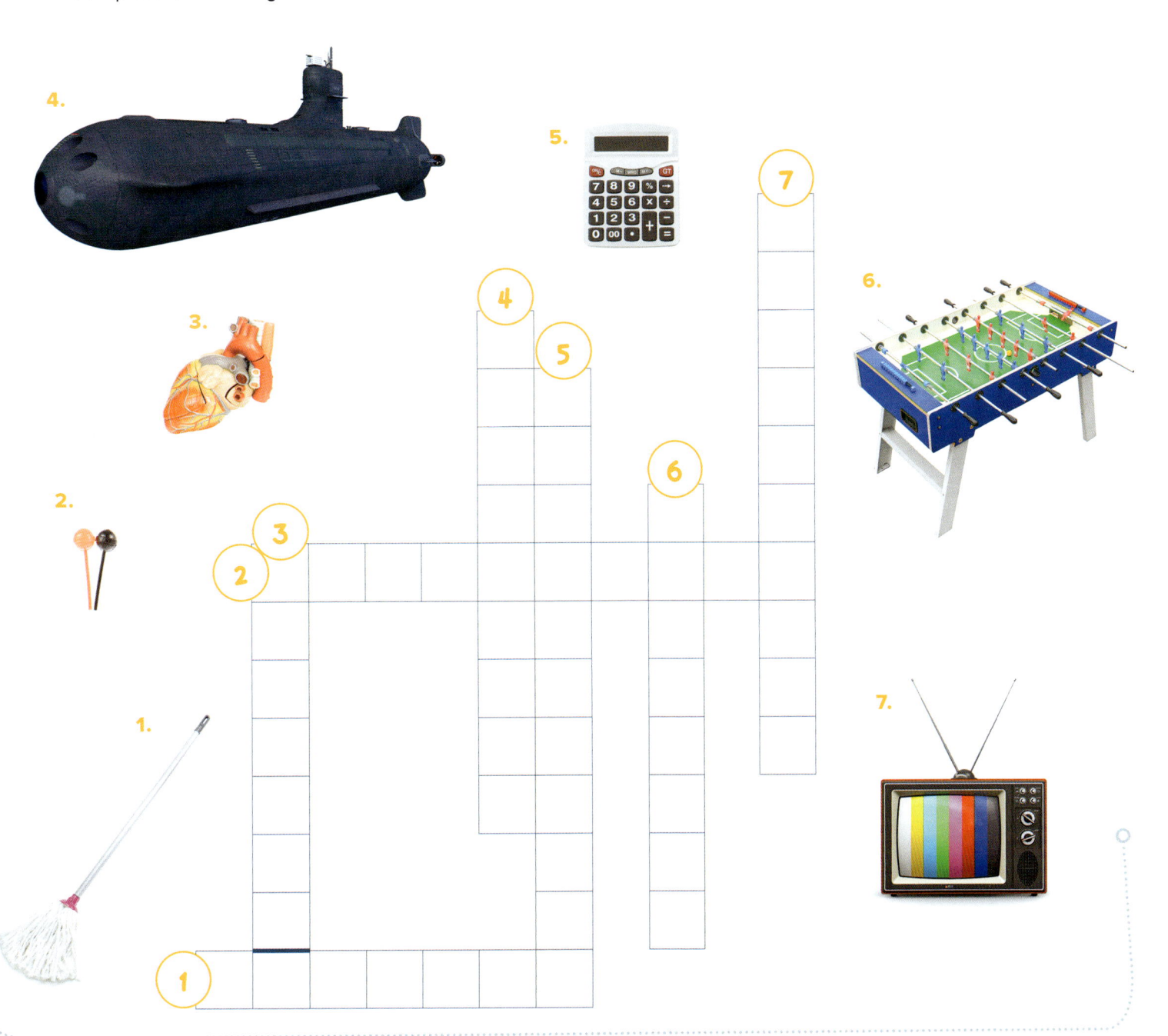

Secuencia 5: Escribo en mi diario

A Los conectores
Completo el texto con estos conectores.

Luego – entonces – pero – y

El año pasado fui de vacaciones a España .... a Portugal, fue un viaje muy bonito, ... hizo demasiado calor y yo no estoy acostumbrada. Un día fuimos a la playa de Valencia, ¡me encanta el mar! .... comimos una paella buenísima en un restaurante del centro de la ciudad. Cuando volvimos a mi país, salimos del aeropuerto y ...., en ese justo momento, empezó a llover.

Secuencia 6: Cuento anécdotas

A Expresiones para reaccionar (1)
Completo las frases con estas expresiones.

¡Qué divertido! – ¡Qué bien, qué suerte! – ¡Qué casualidad! – ¡Qué sorpresa!

1. Ayer celebramos el cumpleaños de Luis en su casa. ¡Lo pasamos genial!
2. El sábado vi a mi profesor de Lengua en el cine.
3. En junio aprobé todas las asignaturas.
4. Isabel se encontró en la calle con su mejor amiga.

B Expresiones para reaccionar (2)
Ahora, escribo un breve texto utilizando tres expresiones del ejercicio anterior.

DELE ESCOLAR A2

Comprensión de lectura

Voy a leer tres textos donde algunos chicos hablan sobre sus inventos españoles favoritos. Relaciono cada pregunta (1-6) con uno de los textos (A, B, C).

A. PEDRO

Mi invento español favorito es el chupachups, me parece increíble tener una idea así: poner un palo a un caramelo para que los niños no se manchen. ¡Es fantástico! Su inventor fue un asturiano llamado Enric. Enric hizo un estudio sobre los hábitos de los consumidores de caramelos. El estudio indica que el 67 % tiene menos de 16 años y que los niños se manchan las manos cuando comen caramelos. Yo no soy muy goloso, no me gusta el chocolate, pero los caramelos de sabores me encantan, así que me parece una idea genial. ¡Es un gran invento!

B. ALEJANDRA

Me encanta sumar, restar, multiplicar... me apasiona resolver problemas con números, por eso mi invento favorito es la calculadora. Es verdad que no la uso casi nunca, solo para problemas complicados, pero creo que hace más fácil el trabajo diario a mucha gente. La primera calculadora pesó mucho, hasta 26 kilos, y ahora las calculadoras pesan muy poco, apenas unos gramos. Nuestra profe no nos deja usar en clase la calculadora y a mí me parece bien porque así podemos desarrollar nuestra rapidez mental. ¡Es un invento maravilloso!

C. ÁLVARO

Pues para mí el mejor invento español es el submarino. Isaac Peral fue su inventor. Hago submarinismo desde hace dos años y me encantan los animales marinos. Mi sueño es poder hacer un viaje en un submarino. Sé que en algunas ciudades de España se hacen viajes en submarino para poder contemplar la fauna y flora del océano. Mi primo Alberto el año pasado hizo un viaje en submarino a 25 metros. Creo que puede darme un poco de miedo estar en un submarino, pero estoy seguro de que la emoción va a ser impresionante. Mi habitación está llena de pósteres de submarinos.

	A. PEDRO	B. ALEJANDRA	C. ÁLVARO
1. ¿A quién le gustan las Matemáticas?			
2. ¿Quién no ha disfrutado todavía de ese invento?			
3. ¿Quién tiene en su casa imágenes de este invento?			
4. ¿A quién no le gustan los bombones?			
5. ¿Quién no utiliza el invento del que habla en clase?			
6. ¿Quién dice que su invento favorito ha evolucionado mucho?			

Unidad 6
Cuento la historia

¿Cuál es tu personaje histórico favorito?

Escucho, completo los nombres y los relaciono con las ilustraciones de los personajes de los que hablan los chicos. 🎧27

- PA......LO PICA......SO
- FR......A K......H L...
- M......UEL ÁN......L
- MAR......... C......IE
- ALB......T EINS......IN
- TERE......... DE CALC......A

Competencias del siglo XXI

Maneras de vivir el mundo: ciudadanía global

Completo este texto con las palabras que faltan. Luego, lo leo y reflexiono. ¿Estoy de acuerdo?

`repetir` `local` `sociedad` `historia` `humanos`

Como miembro de la _____, debo ser activo y reflexionar sobre lo que pasa para actuar de forma _____, nacional y global, y comprometerme en la defensa de los derechos _____ y de los valores éticos universales. Para ello, es importante conocer el pasado: conocer la _____ nos ayuda a no _____ los errores del pasado.

BNCC 7 8 10

En esta unidad...

1. Sé las etapas de la historia
2. Descubro la historia de España
3. Conozco a personajes únicos
4. Hablo de experiencias
5. Cuento anécdotas
6. Intercambio información

...aprendo...

- El pretérito perfecto simple irregular (2)
- *En* + fecha y *hace* + periodo de tiempo
- Los distintos usos del pretérito perfecto simple y el compuesto
- El imperfecto

- Los nombres de las etapas de la historia: *la Prehistoria, la Edad Antigua, la Edad Media...*
- Los verbos de una biografía: *nacer, crecer, casarse...*
- Los números grandes: *un millón, cien mil...*

...para realizar...

Nuestro proyecto
Mi viaje
Pág. 122

contenido virtual

ciento once 111

Secuencia 1 — Sé las etapas de la historia

1. Descubro las grandes etapas de la historia

Leo, relaciono y ordeno los periodos de la historia, como en el ejemplo.

Prehistoria *Edad Media* *Edad Antigua* *Edad Moderna* *Edad Contemporánea*

1. Desde la llegada de los españoles a América hasta la Revolución francesa (1789). En este periodo, el Imperio español llegó a ser la gran potencia mundial.

2. Hasta el año 5000 a. C. cuando se conoció la escritura. Los fenicios conocieron España como *i-šphanim*, 'Tierra del norte' y los griegos, como *Iberia*, 'Tierra de íberos'.

3. Desde la Revolución francesa hasta la actualidad. En este periodo los países latinoamericanos llegaron a independizarse.

4. Desde la invención de la escritura hasta la caída del Imperio romano. Los romanos llegaron a la península ibérica y la conocieron como *Hispania*. El español procede del latín, la lengua de los romanos.

5. Desde la caída del Imperio romano hasta que Colón llegó a América, en 1492. Durante este periodo, en España convivieron tres culturas o religiones: la cristiana, la musulmana y la judía.

5000 antes de Cristo	476 d.C.	1492	1789	Hoy
○ □	○ □	○ □	① Edad Moderna d	○ □

2. Repaso el pretérito perfecto simple

Marco verbos en pretérito perfecto simple en los periodos anteriores, completo la tabla en mi cuaderno y, luego, pongo los verbos en la forma adecuada.

Verbos regulares

	Lleg**ar**	Conoc**er**	Conviv**ir**
(yo)	llegué	conocí	conviví
(tú)	llegaste	conociste	conviviste
(él, ella, usted)			convivió
(nosotros, nosotras)	llegamos	conocimos	convivimos
(vosotros, vosotras)	llegasteis	conocisteis	convivisteis
(ellos, ellas, ustedes)			

1. La Guerra Civil española .... *(terminar)* en 1939.
2. Los romanos .... *(conquistar)* la península y la .... *(llamar)* Hispania.
3. Colón .... *(salir)* el 3 de agosto de 1492 y .... *(llegar)* a América el 12 de octubre.
4. Cervantes .... *(escribir)* el *Quijote* en 1605.
5. Picasso .... *(pintar)* el *Guernica* en 1937.
6. Los españoles .... *(defender)* su independencia contra Napoleón en 1808.

3. Con mis palabras, presento datos de la historia

Me informo y escribo cinco hechos interesantes de la historia de un país de Latinoamérica. Puedo usar como modelo las frases de la actividad anterior.

Secuencia 2 — Descubro la historia de España

Cuento la historia 6

1 Hago cálculos históricos
Leo y completo las frases en mi cuaderno. Luego, calculo y respondo.

- Los romanos .... *(conquistar)* la península ibérica en el año 218 a.C. y se fueron en el 409. 
- Los árabes .... *(llegar)* a la península ibérica en el año 711 y se fueron en el año 1492. 
- Isabel y Fernando .... *(casarse)* en 1469. Isabel murió en 1504. 
- Los españoles .... *(llegar)* a América en 1492 y .... *(perder)* su última colonia en 1898. 
- Felipe II .... *(llegar)* a ser emperador de España y Portugal de 1556 a 1598 y rey de Inglaterra e Irlanda. 
- Juan Carlos de Borbón .... *(reinar)* en España desde el 22 de noviembre de 1975 hasta el 19 de junio de 2014.

1. ¿Cuánto tiempo estuvieron los romanos en España?
2. ¿Cuántos años estuvieron los árabes en España?
3. ¿Cuántos años duró el matrimonio de los Reyes Católicos?
4. ¿Cuántos años estuvieron los españoles en América?
5. ¿Cuántos años duró el imperio de Felipe II?
6. ¿Cuántos años duró el reinado de Juan Carlos I?

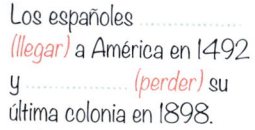

2 Aprendo a situar temporalmente un hecho
Me fijo en los ejemplos y completo la explicación. Luego, respondo.

Situar temporalmente

cantidad de tiempo   **fecha**

- en + ...
  Los árabes llegaron a España en 711.
- hace + ...
  Felipe VI llegó a ser rey hace dos años.

1. ¿Hace cuántos siglos llegaron los árabes a España?
2. ¿Hace cuántos años empezó a ser rey Juan Carlos I?
3. ¿En qué siglo llegaron los romanos a la península ibérica?
4. ¿Hace cuántos siglos se fueron?
5. ¿Hace cuántos años terminó el imperio de Felipe II?
6. ¿En qué año llegó Colón a América?
7. ¿Hace cuántos años perdió España la última colonia?

3 Descubro a algunos reyes de España
Escucho, completo y corrijo la información incorrecta. 🎧28

1. Alfonso X (1221-............) fundó la Escuela de Traductores de Salamanca.
2. Isabel y Fernando .... España en 1429. Durante su reinado se descubrió América.
3. Carlos I, hijo de los Reyes Católicos, fue emperador de un gran imperio desde .... hasta 1558.
4. Felipe V nació en Italia y fue el primer rey de la familia Borbón. Reinó desde 1700 hasta ....
5. Juan Carlos I fue rey durante casi 40 años (............-2014) y devolvió la democracia a España, después de la dictadura de Rivera.

Secuencia 3 - Conozco a personajes únicos

1. Aprendo el pretérito perfecto simple irregular (2)

Copio en mi cuaderno y completo los verbos irregulares.

Pretérito perfecto simple irregular (2)

	ser	hacer	querer	dar	(ob)tener	poder
(yo)			quise	di	(ob)tuve	pude
(tú)		hiciste	quisiste			
(él, ella, usted)	fue	hizo	quiso	dio		pudo
(nosotros, nosotras)	fuimos				(ob)tuvimos	
(vosotros, vosotras)				disteis	(ob)tuvisteis	pudisteis
(ellos, ellas, ustedes)		hicieron	quisieron			

2. Comprendo biografías

a. Leo y completo las biografías con el verbo en la forma correcta.

P. Neruda
.... *(Ser)* un poeta considerado uno de los más importantes del siglo xx. Nació en Chile en 1904, su madre murió dos meses después. Siempre .... *(querer)* ser poeta, a los diez años empezó a escribir poesía y en 1921 publicó su primer libro. Le .... *(dar, ellos)* el premio Nobel de Literatura en 1971 y murió dos años después.

P. Picasso
Nació en Málaga en 1881 y es considerado uno de los grandes pintores del siglo xx. Sus primeros dibujos los .... *(hacer)* con diez años y .... *(tener)* su primera exposición con trece. Una de sus obras más conocidas es el *Guernica*, que describe los horrores de la Guerra Civil española. Murió el mismo año que su amigo Neruda.

Fernando Martín
Nació en 1962. .... *(Ser)* un jugador de baloncesto español, el primero en llegar a la NBA. Jugó en los Portland Trail Blazers y con ellos .... *(poder)* participar en los Playoffs de 1987. En España .... *(hacer)* la mayor parte de su carrera deportiva en el Real Madrid. Murió en 1989.

S. Ramón y Cajal
.... *(Ser)* un médico español que centró sus investigaciones en el estudio de las células nerviosas. Nació en 1852 y .... *(obtener)* el premio Nobel de Medicina en 1906. .... *(Dar)* clase en la Universidad de Madrid y en la de Barcelona. Murió en Madrid en 1934.

b. Respondo a las siguientes preguntas.

1. ¿Quién nació en Sudamérica?
2. ¿Quiénes obtuvieron el Premio Nobel?
3. ¿En qué año murió Picasso?
4. ¿Quién vivió en EE. UU.?
5. ¿Quién representó el drama de la Guerra Civil española?
6. ¿Quién fue profesor universitario en España?
7. ¿Quiénes empezaron sus obras con tan solo diez años?

3. Escribo preguntas y doy respuestas

Escribo una pregunta más sobre cada persona y respondo a las preguntas de mi compañero.

Secuencia 4 — Hablo de las experiencias

Cuento la historia 6

1. Comprendo cuando me cuentan experiencias
Escucho unas anécdotas sobre los personajes anteriores y señalo de quién se trata. 🎧29

- P. NERUDA
- P. PICASSO
- F. MARTÍN
- S. RAMÓN Y CAJAL

2. Practico la diferencia
Copio en mi cuaderno y completo con la forma correcta del pretérito perfecto simple o del compuesto.

El pretérito perfecto

- **Pretérito perfecto simple**
  - Expresa acciones terminadas en el pasado sin relacionarlas con el presente.
  - Se utiliza con: *ayer, anoche, hace dos años, hace dos días, hace unos años, en 1998.*

- **Pretérito perfecto compuesto**
  - Expresa acciones terminadas en el pasado, pero relacionadas con el presente.
  - Se utiliza con: *alguna vez, ya, nunca, hace dos horas, recientemente, este año...*

1. Picasso solo .... *(dar)* un discurso en su vida y fue en 1948, para apoyar a Pablo Neruda.
2. *Veinte poemas de amor y una canción desesperada* es un libro de poesía que .... *(vender)* más de diez millones de ejemplares desde su publicación hasta hoy.
3. Ramón y Cajal no .... *(aceptar)* un trabajo del ministro, pero .... *(ser)* senador.
4. Fernando Martín .... *(morir)* en un accidente de tráfico y, desde entonces, el número 10, su número, no se .... *(usar)* nunca más en su equipo.

3. Pregunto a mis compañeros
Hago preguntas a mis compañeros y utilizo los marcadores temporales y las imágenes.

alguna vez   el año pasado   ya   en 2020
ayer   esta mañana
hace dos meses
nunca

¿Has ido en globo alguna vez?
Sí, fui hace años.
Yo no, no he ido nunca.

ciento quince 115

Secuencia 5 — Cuento anécdotas

El imperfecto
- Los verbos *-ar*, como _____:
  - *-aba, -abas, -aba, -ábamos, -abais, -aban*
- Los verbos *-er*, como _____ y los verbos *-ir*, como *vivir*:
  - *-ía, -ías, -ía, -íamos, -íais, -ían*
- El verbo _____ es irregular: *era, eras, era...*

1. Observo las frases y descubro un nuevo tiempo, el imperfecto

Leo y marco el nuevo tiempo. ¿Cuál es el infinitivo de los tres verbos? Completo la explicación.

1. Pablo Picasso y Pablo Neruda eran amigos y Picasso dijo que Neruda era el poeta hispano vivo más importante.
2. Ramón y Cajal era muy honrado y no aceptó el trabajo porque le pagaban un dinero extra.
3. Fernando Martín murió cuando tenía 27 años.

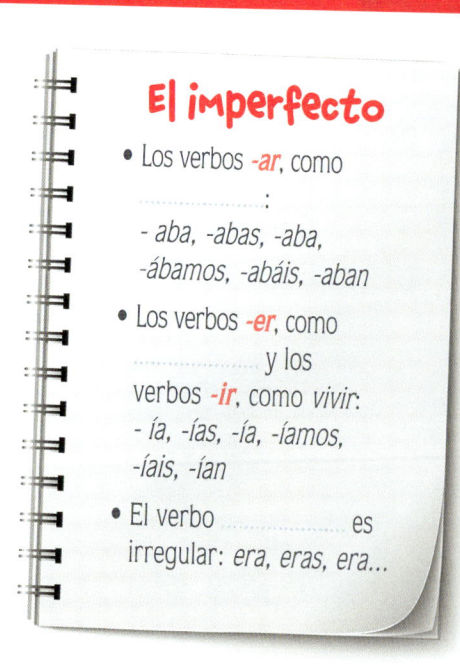

2. Descubro una anécdota sobre Einstein

Copio en mi cuaderno y completo el texto con los verbos **rojos** en imperfecto y los **azules** en pretérito perfecto simple.

www.personajesdelahistoria.es

ANÉCDOTAS DE LA HISTORIA

Albert Einstein

Einstein _____ *(ser)* un personaje al que la prensa _____ *(querer)* mucho. Siempre _____ *(dar)* respuestas geniales e ingeniosas a los periodistas. Vamos a ver una de ellas:

Un periodista le _____ *(preguntar)* a Einstein: «¿Me puede explicar la Ley de la Relatividad?». Einstein le _____ *(contestar)*: «¿Me puede Ud. explicar cómo freír un huevo?». El periodista lo _____ *(mirar)* extrañado y le _____ *(responder)*: «Pues, sí, sí que puedo». Einstein replicó: «Bueno, quiero escucharlo, pero tiene que imaginar que yo no sé lo que es un huevo, ni el aceite, ni el fuego». El periodista no _____ *(poder)* decir nada más.

3. Con mis palabras, escribo sobre un gran personaje

Escribo una biografía de alguien nacido en Latinoamérica, como la de un personaje famoso de la historia, contando alguna anécdota divertida.

Secuencia 6: Intercambio información

1. Participo en una clase de Literatura

Leo el blog y relaciono. Luego, busco ejemplos del verbo *ser* en imperfecto.

Mi diario

Querido diario, ya sabes que no me gusta mucho leer, pero me gustó mucho la clase de Literatura de ayer. El profesor nos preguntó qué autor chileno ha ganado un premio Nobel de Literatura. Ana, que es una empollona y siempre saca las mejores notas, se equivocó... je, je... y dijo que era Vargas Llosa, pero yo lo adiviné: era Neruda. El profe nos confirmó que Neruda lo obtuvo en 1971. Después, el profe preguntó si hemos leído algo de Neruda. Yo no he leído nunca nada, pero Rubén levantó la mano muy rápido y dijo que el mes pasado leyó *Veinte poemas de amor y una canción desesperada*. El profe dijo que ese era el libro de poesía más vendido de la historia... y nos leyó un poema superbonito, superromántico...

¿Qué han hecho?
1. Me gustó la clase
2. Un autor chileno ha ganado un premio
3. Neruda obtuvo un premio
4. No he leído nada de Neruda
5. Rubén leyó un libro

¿Cuándo?
1. el mes pasado
2. nunca
3. Ø
4. en 1971
5. de ayer

2. Recuerdo las preposiciones

Observo. Luego, completo los diálogos con la preposición adecuada.

1. • ¿*A/De/Desde/Con* dónde era Pablo Neruda?
   • Era de Chile.
2. • ¿*A/De/Desde/Con* quién estaba casado Pablo Neruda?
   • Con Matilde Urrutia.
3. • ¿*A/De/Desde/Con* qué hora nos vemos para la charla sobre Neruda?
   • A las seis.
4. • ¿*A/De/Desde/Con* qué año tiene el premio Nobel Neruda?
   • Desde 1971.
5. • ¿*A/De/Desde/Con* qué trata *Veinte poemas de amor y una canción desesperada*?
   • De amor.

Las preposiciones

Origen: ¿de + dónde...?
Compañía: ¿con + quién?
Hora: ¿a + qué + hora?
Temática: ¿de + qué + trata...?
Origen temporal: ¿desde + cuándo...? ¿desde + qué + año?

3. Creo un diálogo

Imagino con mi compañero una clase y la describo como en el blog. Después, la leo a la clase.

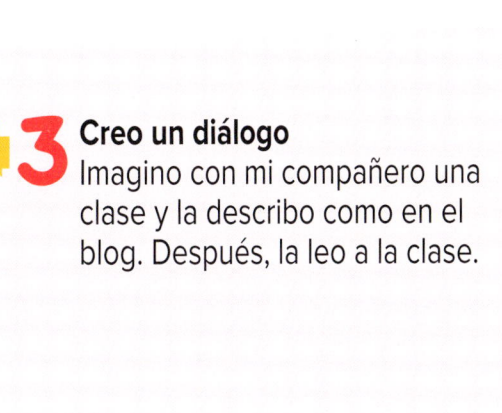

Gramática

1 Pretérito perfecto simple irregular (2)

a Observo el cuadro y escribo una frase con cada verbo, usando personas diferentes.

Pretérito perfecto simple irregular (2)

	ser	hacer	querer	dar	tener	poder
(yo)	fui	hice	quise	di	tuve	pude
(tú)	fuiste	hiciste	quisiste	diste	tuviste	pudiste
(él, ella, usted)	fue	hizo	quiso	dio	tuvo	pudo
(nosotros, nosotras)	fuimos	hicimos	quisimos	dimos	tuvimos	pudimos
(vosotros, vosotras)	fuisteis	hicisteis	quisisteis	disteis	tuvisteis	pudisteis
(ellos, ellas, ustedes)	fueron	hicieron	quisieron	dieron	tuvieron	pudieron

b Completo con los verbos en la forma correcta.

1. Mi profesor llegó tarde ayer porque _____ (tener) un accidente.
2. ¿Qué _____ (hacer, vosotros) la semana pasada en clase? Es que _____ (estar, yo) enfermo.
3. Mi hermano pequeño no _____ (querer) comer y ahora tiene hambre.
4. ¡Por fin mis padres _____ (poder) comprarme las entradas para el partido!
5. Mi abuelo _____ (ser) un pianista muy famoso.

c Copio en mi cuaderno y completo las frases con uno de estos tres verbos en la forma correcta.

descubrir – conocer – terminar

1. La Guerra Civil española empezó en 1936 y _____ en 1939.
2. Alexander Fleming _____ la penicilina en 1928.
3. Mis padres se _____ en 1972.
4. ¿A qué hora _____ ayer las clases?
5. ¿En qué año se _____ la anestesia?
6. El domingo mis compañeros y yo _____ el trabajo de Ciencias.
7. ¿En qué año os _____?
8. ¿Quién _____ los rayos X?

2 Pretérito perfecto simple y pretérito perfecto compuesto

a Observo y escribo una frase con el perfecto simple y la misma frase con el compuesto.

Pretérito perfecto simple	Pretérito perfecto compuesto
Expresa acciones terminadas en el pasado, sin relacionarlas con el presente.	Expresa acciones terminadas en el pasado con un punto de vista temporal que llega hasta el presente.
Se utiliza con: *ayer, anoche, hace dos años, hace dos días, hace unos años, en 1998*.	Se utiliza con: *alguna vez, ya, nunca, hace dos horas, recientemente, este año...*

Cuento la historia 6

b) Leo la agenda de Manuel y anoto en mi cuaderno qué hizo la semana pasada.

Lunes	Martes	Miércoles	Jueves	Viernes
17:00 Hacer los deberes **19:30** Montar en bicicleta	**16:15** Ir al médico **17:45** Dar apuntes a Pedro **20:30** Estar en un concierto	Comprar una USB Llamar a los abuelos **19:00** Entrenar	**12:30** Tener clases de español Jugar a la Play Ganar un partido	**18:00** Visitar a los abuelos Limpiar la habitación Dejar un juego a Raúl

El lunes hizo los deberes a las cinco de la tarde.

c) Elijo la opción correcta.

1. El miércoles pasado no *he ido/fui* al instituto.
2. Anoche *he visto/vi* una película en la tele.
3. Mi abuelo se *ha casado/casó* hace muchos años.
4. Hoy me *he levantado/levanté* muy tarde.
5. Mis padres se *han conocido/conocieron* en 1975.
6. Hace dos días *he visto/vi* a Paula.
7. Nunca *he ido/fui* a Venezuela.

d) Copio en mi cuaderno y completo las frases con el verbo en pretérito perfecto simple o en pretérito perfecto compuesto.

1. ¿_____ *(Hacer)* ya los deberes?
2. Todavía no _____ *(ir)* a casa de mis abuelos.
3. Ayer _____ *(tener)* un examen de Matemáticas.
4. ¿Qué _____ *(hacer)* este fin de semana?
5. ¿Qué _____ *(hacer)* el pasado fin de semana?
6. ¿Le _____ *(dar, vosotros)* ayer el regalo a Claudia?

3 Las expresiones temporales

Observo y elijo la opción adecuada.

Hace	+ periodo de tiempo	*Vivo en Málaga hace tres años.*
Desde	+ momento exacto	*Vivo en Málaga desde el año 2016.*

1. Estudio español *hace/desde* septiembre de este año.
2. Conozco a Sandra *hace/desde* el verano pasado.
3. Mónica y yo estamos en el mismo equipo *hace/desde* cuatro años.
4. Todos los días estoy en la biblioteca *hace/desde* las cuatro hasta las siete.
5. *Hace/Desde* cuatro meses que no llueve nada.
6. Fui a Madrid de viaje de estudios con mi clase *hace/desde* dos años.

Secuencia final
Vecinos de América

Hoy en el chat, los vecinos de América hablan de las leyendas urbanas y las historias de misterio. ¿Conozco alguna más?

BNCC

Entro en el chat. ¿Me gustan las historias?

1 Leo, observo la imagen y descubro a qué leyenda corresponde. Luego, creo mi imagen con otra leyenda.

Alejandro — Perú
¡Hola, amigos! ¿Se acuerdan de que en vacaciones me fui al desierto de Nazca? Pues hoy, charlando con mis amigos sobre las misteriosas líneas, uno me envió un *link* con anécdotas de leyendas urbanas. ¿Ustedes conocen esas historias? ✓✓

Yo — Brasil
¡A mí me encantan! En Brasil circula la historia de *la rubia del baño (a loira do banheiro)*. ¿Ya oyeron? ✓✓

Martina — Bolivia
¿Es como la llorona que aparece en el baño de chicas de Hogwarts, en *Harry Potter*? ¡Ay, a mí me dan miedo esas historias! ✓✓

Nicolás — Uruguay
Más o menos, Martina. Les cuento. Una chica, llamada Maria Augusta, se casa obligada con 14 años y, a los 18, vende sus joyas y huye a París. Se muere con 26 años. En 1916, la casa en la que vivían se transforma en escuela y, 12 años después, un incendio la destruye. A partir de ahí, dicen que el espíritu de la chica vaga por la escuela quemada. ¿Me equivoco? ✓✓

Yo — Brasil
Sí, así es. ¡Veo que conoces bien mi cultura! Dicen que aparece en los baños de las escuelas asustando a los niños, por eso la llaman *la rubia del baño*. ✓✓

Cuento la historia 6

Alejandro — Perú

Acá, en la ciudad de Cachiche, en Ica, tenemos una leyenda urbana muy chida. Es la historia de una bruja, llamada Julia Hernández, que curaba a la gente. Una persona agradecida, volvió a Cachiche y encargó una estatua de bronce que se puso en el tronco del árbol donde ella practicaba magia. ¡Busquen en internet la foto! Lo más increíble es que muere con 106 años y deja una profecía.

Yo — Brasil

¿Y cuál fue la profecía?

Alejandro — Perú

A ver, en el pueblo hay un árbol llamado *Palmera de Siete Cabezas*, es enorme y tiene forma de pulpo, ya que sus troncos entran y salen de la arena. La bruja dijo que si a esa palmera le nacía el séptimo tronco, el pueblo sería destruido. La gente se olvidó de esa historia y, en 1997, el pueblo casi es arrasado por unas lluvias torrenciales porque nació el séptimo tronco. A partir de ese día, siempre están cortando ese tronco.

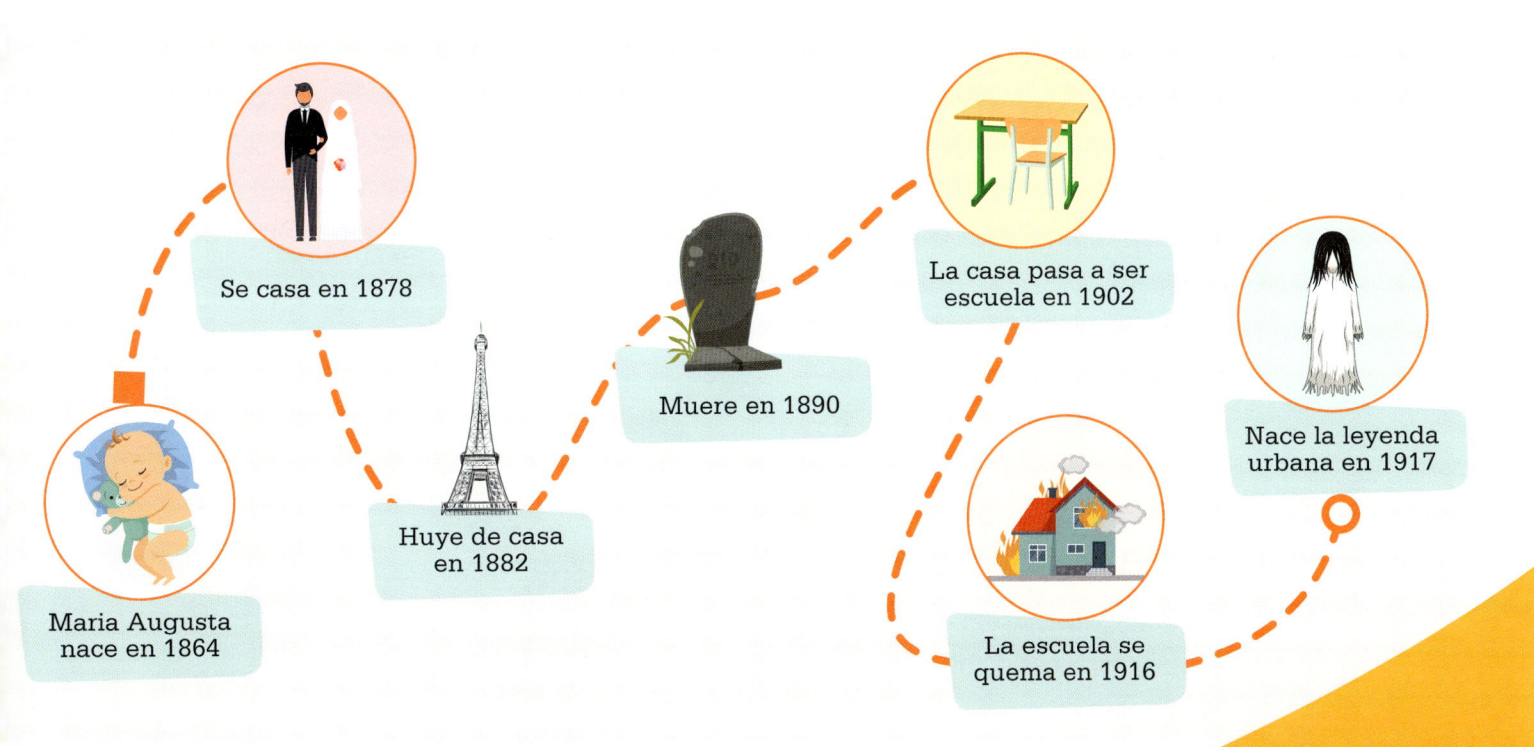

- Maria Augusta nace en 1864
- Se casa en 1878
- Huye de casa en 1882
- Muere en 1890
- La casa pasa a ser escuela en 1902
- La escuela se quema en 1916
- Nace la leyenda urbana en 1917

2 Investigo y elaboro la línea del tiempo de una leyenda urbana de mi país. Sigo los modelos de las anteriores leyendas.

Nuestro proyecto

Mi viaje

Conecto con Geografía

1 Datos de España

Leo y, luego, marco si las informaciones son verdaderas (V) o falsas (F).

España es el país europeo más al sur. Tiene más de cuarenta y seis millones y medio de habitantes y su capital es Madrid, una de las dos únicas ciudades donde viven más de un millón de personas, junto a Barcelona.

El español es la lengua oficial en todo el país y también son lenguas oficiales el catalán (en Cataluña, Comunidad Valenciana y Baleares), el euskera (en el País Vasco) y el gallego (en Galicia).

España tiene frontera al norte con Francia y Andorra, al oeste con Portugal y al sur con Gibraltar (Reino Unido) y con Marruecos, porque hay dos ciudades españolas –Ceuta y Melilla– al norte de África.

España es el segundo destino elegido por los turistas, después de Francia.

V F
- ☐ ☐ En España viven 46 millones de personas.
- ☐ ☐ España tiene frontera con cinco países.
- ☐ ☐ En España se habla solo una lengua: el español.
- ☐ ☐ España tiene 10 ciudades con más de un millón de habitantes.
- ☐ ☐ España es el país que recibe más turistas.

Cuento la historia 6

2 Un viaje por España

Leo, miro el mapa y marco el viaje de Marta con su familia.

Empezamos en el sur, en una ciudad con playa. Comimos un pescado muy bueno. Allí nació Picasso, así que vimos su museo.

Después, fuimos a la capital de Andalucía y vimos la catedral y un espectáculo de flamenco. Subimos a la Giralda y paseamos por la Plaza de España.

Entonces fuimos en coche por Castilla-La Mancha y, muy cerca de esta ciudad, vimos los molinos de viento y los lugares de Don Quijote. Quiero leer el libro.

En Castilla vimos el Alcázar, que es un castillo, y comimos un cordero asado.

Llegamos a una ciudad del norte y vimos una catedral muy grande.

Y fuimos al este, visitamos la Sagrada Familia, fuimos al Camp Nou y vimos un partido de mi equipo favorito, el Barça. Allí tomamos un avión para volver a casa.

3 Lugares interesantes

Observo e identifico qué son.

4 Ahora nosotros

Hablo de mi país, de mi región, o elijo un país hispano, busco un mapa, marco los lugares interesantes, busco fotos y presento mi ruta turística cultural.

Accedo a... ELE digital

contenido virtual

BNCC

Cuaderno de ejercicios

Secuencia 1 — Sé las etapas de la historia

A Los números (1)
Escribo estos números con palabras.

1. 2020
2. 8135
3. 3212
4. 4970
5. 357
6. 12644
7. 6228
8. 16541

B Los números (2)
Ordeno de menor a mayor.

- mil cuatrocientos sesenta ○
- mil seiscientos cuarenta ○
- mil quinientos setenta ○
- mil seiscientos sesenta ○
- mil setecientos sesenta ○
- mil quinientos sesenta ○

C Periodos de la historia (1)
Completo el texto con los periodos de la historia.

Edad Antigua – Edad Moderna – Prehistoria – Edad Contemporánea – Edad Media

La historia es la ciencia que estudia el pasado de la humanidad. Es el periodo que empieza cuando se inventó la escritura, en el 5000 a. C., y llega hasta la actualidad. Todo el periodo anterior es la .... La .... empieza con la escritura y termina cuando terminó el Imperio romano. Desde ese momento hasta la llegada de Colón a América es la .... y desde ese momento hasta la Revolución francesa es la .... Desde la Revolución francesa hasta hoy es la ....

D Periodos de la historia (2)

Ahora, coloco los periodos y los años en la línea del tiempo.

Edad Media – Edad Antigua – Prehistoria – Edad Contemporánea – Edad Moderna

1789 – 476 – 1492 – 5000 a. C

a. .... b. .... c. .... d. .... e. ....
                                                        hoy

2 Descubro la historia de España

A El pretérito perfecto simple: verbos regulares (1)

Completo la tabla con los verbos en pretérito perfecto simple.

	ellos	yo
terminar		
conocer		
escribir		
comer		
descubrir		

	tú	vosotros
estudiar		
volver		
salir		
pintar		
ver		

B El pretérito perfecto simple: verbos regulares (2)

Completo las frases con estos verbos.

convivir – conocer – llegar – empezar – terminar – recibir – escribir – vivir

1. Cristóbal Colón _____ a América en 1492.
2. Federico García Lorca _____ *Romancero gitano* en 1928.
3. Luis Cernuda _____ muchos años en México.
4. La guerra civil española _____ en 1936 y _____ en 1939.
5. Neruda _____ al poeta mexicano Octavio Paz en Valencia.
6. Gabriel García Márquez _____ el Nobel en 1982.
7. Durante la Edad Media _____ en la península ibérica tres culturas.

C Hacer referencia a momentos del pasado
Elijo la opción adecuada.

1. Hemos llegado a la biblioteca **hace/en** dos horas.
2. Mi familia y yo vivimos aquí **desde/en** el año pasado.
3. La temporada de fútbol empezó **hace/en** octubre.
4. Visité Chile por primera vez **en/hace** el verano de 2013.
5. He visto a Ángel **hace/desde** diez minutos.
6. **En/Desde** Navidad vamos a ir a Cuzco.
7. • ¿Cuándo ha llamado Raúl?
   • **Hace/Desde** una hora más o menos.
8. Esta tienda está abierta **hace/desde** principios de año.

Secuencia 3 — Conozco personajes únicos

A El pretérito perfecto simple: verbos irregulares
Ordeno las letras, descubro la forma del pretérito perfecto simple y digo qué verbo es, como en el ejemplo.

a. VITUSETSI → 1. tuvisteis → I. tener
b. RIENDO → 2. → II.
c. CHIE → 3. → III.
d. MIFUSO → 4. → IV.
e. TESVI → 5. → V.
f. MUSPISO → 6. → VI.
g. RISQUENIO → 7. → VII.
h. RUTIVENO → 8. → VIII.
i. OID → 9. → IX.

B El pretérito perfecto simple
Completo los textos con la forma adecuada de los verbos.

Mi hermana _____ (hacer) el examen de conducir la semana pasada. Dice que el examen _____ (ser) muy difícil. Ella _____ (tener) que responder a 30 preguntas y _____ (terminar) en 20 minutos. La próxima semana le van a dar los resultados.

Ayer _____ (pasar) algo muy extraño. Yo _____ (llamar) a mis amigos y los _____ (invitar) a mi cumpleaños, pero ellos no _____ (querer) venir. _____ (Ponerse, yo) muy triste, pero dos horas más tarde ellos me _____ (dar) una sorpresa: ¡todos _____ (llegar) a mi casa con regalos! ¡_____ (Ser) genial!

4 Hablo de las experiencias

A El pretérito perfecto simple y el pretérito perfecto compuesto (1)
Clasifico los marcadores temporales en el tiempo verbal con el que suelen ir.

el año pasado – nunca – ayer – esta mañana – ya – en 2008 – este mes – hace tres años – en abril – hoy

PRETÉRITO PERFECTO SIMPLE	PRETÉRITO PERFECTO COMPUESTO

B El pretérito perfecto simple y el pretérito perfecto compuesto (2)
Leo y marco verdadero o falso.

		V	F
1.	El pretérito perfecto compuesto se usa para hablar de acciones que no han terminado.	○	○
2.	El pretérito perfecto simple y el pretérito perfecto compuesto se usan para hablar de acciones terminadas.	○	○
3.	*Ayer* es un marcador temporal de pretérito perfecto simple.	○	○
4.	*Hace dos semanas* es un marcador temporal de pretérito perfecto compuesto.	○	○

C ¿Todavía no?
Escribo cinco cosas que todavía no he hecho y, después, pregunto a mi compañero si él las ha hecho.

1. Todavía no _____, pero mi compañero sí _____.
2. _____.
3. _____.
4. _____.
5. _____.

D El pasado
Completo las frases con el verbo en la forma adecuada.

1. En verano mi hermano _____ *(viajar)* a Costa Rica con su novia y su familia.
2. El martes pasado _____ *(tener, nosotros)* un examen de Matemáticas.
3. Hace 10 minutos _____ *(ver, yo)* a tu hermana Mónica en la papelería.
4. Ayer _____ *(desayunar, yo)* en una cafetería que está cerca del instituto.
5. Esta semana la profesora _____ *(escribir)* una nueva entrada en el blog de la clase.
6. Ayer no _____ *(poder)* ir a clase, ¿qué _____ *(decir)* el profe?
7. • ¿_____ *(Recoger, vosotros)* ya los libros?
   • Sí, _____ *(ir)* ayer a la biblioteca.
8. Este mes _____ *(hacer, nosotros)* una visita al Museo del Prado con la clase.

E Los marcadores temporales

Escribo cuatro frases posibles, como en el ejemplo.

1

Ayer _____ el partido del Barça.
Hoy _____ el segundo capítulo de la serie.
(ver, yo)

a. Ayer vi el partido del Barça. / Hoy he visto el partido del Barça.
b. Ayer vi el segundo capítulo de la serie. / Hoy he visto el segundo capítulo de la serie.

2

Esta semana _____ el partido de baloncesto.
La semana pasada _____ el campeonato de fútbol.
(ganar, nosotros)

a.
b.

3

En 2009 _____ a Barcelona.
Este año _____ a la playa.
(viajar, él)

a.
b.

Secuencia 5 — Cuento anécdotas

A El pretérito imperfecto

Completo estas frases sobre Frida Kahlo con el verbo en pretérito imperfecto.

1. Frida Kahlo _____ **(ser)** mexicana y pintó muchos cuadros.
2. Cuando _____ **(tener)** 18 años, tuvo un accidente.
3. Pablo Picasso y André Breton _____ **(ser)** sus amigos.
4. Se casó con Diego Rivera, que también _____ **(ser)** pintor.
5. Murió en México cuando _____ **(tener)** 47 años, pero hoy es una pintora mundialmente reconocida.

Intercambio información

A. Las preposiciones
Escribo la preposición correcta.

de – con – a – desde

1. ¿_____ cuándo lees poesía?
2. ¿_____ qué hora empieza la clase de Literatura?
3. ¿_____ dónde era Mario Benedetti?
4. ¿_____ quién vas a ir a la exposición?
5. ¿_____ qué año tiene el premio?
6. ¿_____ qué trata el último libro de Vargas Llosa?
7. ¿_____ qué hora vamos al teatro?
8. ¿_____ quién vamos al museo mañana?

DELE ESCOLAR A2

Comprensión auditiva

Voy a escuchar siete mensajes, incluido el ejemplo. Tengo que escucharlos dos veces.
Después, selecciono el enunciado (A-J) que corresponde a cada mensaje. Hay diez enunciados, incluido el ejemplo.
Tengo que seleccionar seis.

0.	Mensaje 0	d)
1.	Mensaje 1	
2.	Mensaje 2	
3.	Mensaje 3	
4.	Mensaje 4	
5.	Mensaje 5	
6.	Mensaje 6	

a)	Ya han hecho el examen.
b)	Van a alojarse en la habitación 303 de un hotel.
c)	Hay un descuento del 40 % por la compra de dos videojuegos.
d)	Llegan después de medianoche.
e)	La niña necesita 250 euros.
f)	Viven en el número 303 de la calle Miramar.
g)	Hay un cambio de fecha.
h)	Hay un descuento del 30 % por la compra de dos videojuegos.
i)	El viaje cuesta 250 euros.
j)	Tres amigos van a cenar.

Unidad 7

Tengo una vida sana

El accidente del profesor de gimnasia

👁 Escucho lo que le ha pasado al profesor de gimnasia y numero las partes del cuerpo de las que habla. Luego, relaciono las siguientes frases con la parte del cuerpo. 🎧31

Partes del cuerpo:

> No puedo escribir, porque me duele el codo derecho.

> No puedo andar ni correr, porque me duele el pie derecho.

> Tampoco puedo llevar objetos porque también me duele el brazo izquierdo.

> No puedo mover la cabeza, porque me duele el cuello.

> Tengo una herida y me duele la cabeza.

Competencias del Siglo XXI

💡 **Maneras de pensar: pensamiento crítico y estilo de vida equilibrado**
Digo si estoy de acuerdo o no con las siguientes afirmaciones y reflexiono. Luego, lo comparo con mis compañeros.

BNCC: 2, 7, 8

	Estoy totalmente de acuerdo	Estoy más o menos de acuerdo	No estoy de acuerdo
Hay que comer 5 veces al día.			
Es bueno ir al gimnasio todos los días, 3 o 4 horas.			
El físico es lo más importante de una persona.			
Es bueno hacer ejercicio regularmente.			
Hay que dormir 10-12 horas al día.			

Contenido virtual

En esta unidad...

1. Conozco el cuerpo humano
2. Hago gimnasia
3. Explico problemas de salud
4. Hablo de estados físicos
5. Pienso en una vida sana
6. Organizo mi botiquín

...aprendo...

- El verbo *doler*
- Los usos de los verbos *ser* y *estar*
- El contraste entre *tener que*, *haber que* y *deber* + infinitivo
- Las partes del cuerpo humano: *la mano, el pecho, la espalda...*
- Los verbos para indicar ejercicios físicos: *subir, bajar, levantar...*
- Los adjetivos de carácter y estado de ánimo

...para realizar...

Nuestro proyecto

Mi deportista favorito

Pág. 142

Secuencia 1 - Conozco el cuerpo humano

1. Conozco las partes del cuerpo
Observo y completo en mi cuaderno los nombres de las partes del cuerpo.

EL CUERPO

La boca
El brazo
La cabeza
El cuello
El dedo
La espalda
La mano
La nariz
El ojo
La oreja
El pecho
El pie
La pierna
La rodilla

Etiquetas en la imagen:
1. ....z
2. ....j
3. ....z
4. B....
5. Br....
6. ....ch....
7. R....l....
8. P....r n....
9. P....
10. Espalda
11. Cuello
12. Mano
13. D.... d....
14. Oreja

2. Aprendo a describir a grandes deportistas
Completo las descripciones con estas palabras y conozco a tres importantes deportistas españoles.

- piernas
- rodillas
- brazos
- espalda

Carolina es campeona olímpica de bádminton en 2016, tres veces campeona del mundo y cuatro veces campeona de Europa. Tiene unas .... muy fuertes para correr por la pista. También tiene una .... muy flexible para agacharse y llegar a los lugares más difíciles.

Mireia es una gran nadadora. Tiene cuatro medallas olímpicas, seis medallas mundiales y trece medallas en campeonatos europeos de natación. Tiene una .... fuerte y recta y dos .... musculosos, ya que su gran especialidad es nadar a espalda y a mariposa.

Marc es campeón del mundo y de Europa de baloncesto y dos veces subcampeón olímpico. Mide 2,15 m, pesa 116 kg y tiene unos .... largos y fuertes. Es un gran defensa. Ha tenido problemas en las .... por su peso.

3. Con mis palabras, describo a mi deportista preferido
Escribo una descripción, como las anteriores, sobre un deportista que admiro.

Secuencia 2 — Hago gimnasia

1. Comprendo unos ejercicios en casa
Escucho a Alicia, que hace ejercicios de gimnasia en casa, y escribo en la imagen el orden de cada ejercicio. 🎧32

2. Aprendo a dar instrucciones
Leo, escucho otra vez y relaciono las frases con los ejercicios. 🎧32

1. Doblar las piernas ◯ ◯
2. Estar de pie ◯
3. Girar el cuerpo hacia la derecha y hacia la izquierda ◯
4. Llevar las manos a un pie ◯
5. Mantener la espalda recta ◯ ◯
6. Poner las manos detrás de la cabeza ◯
7. Poner las manos en el suelo ◯
8. Poner las piernas separadas ◯
9. Poner las piernas y los pies juntos ◯ ◯
10. Poner los brazos sobre el suelo ◯
11. Poner los pies juntos ◯
12. Sentarse en el suelo ◯
13. Subir y bajar la espalda ◯ ◯
14. Subir y bajar los brazos ◯
15. Tumbarse en el suelo ◯

3. Describo un ejercicio
Pienso en otro ejercicio y lo describo.

Tengo una vida sana — 7

Secuencia 3 — Explico problemas de salud

1 Entiendo qué les pasa
Leo y relaciono las imágenes con los síntomas.

a. A Cristina le duele mucho el oído y el médico la está mirando. ○

b. A Lola y a Alfonso les duele el estómago porque han comido mucho. ○

c. A Marta le duele la espalda porque lleva muchos libros. ○

d. A Sergio le duelen las muelas porque come muchos dulces. ○

e. A mi padre y a mi hermana pequeña les duele la garganta porque ayer hizo mucho frío. ○

2 Aprendo el verbo *doler*

a. Completo la explicación con ejemplos de la actividad anterior.

Verbos con pronombres indirectos

		Doler	
A mí	me		....
A ti	te		....
A él, ella, usted		duele(n)	....
A nosotros, nosotras	nos		....
A vosotros, vosotras	os		....
A ellos, ellas, ustedes			....

b. Relaciono, copio en mi cuaderno y completo con los verbos *tener* y *doler*.

1. Tenemos dolor de cabeza.
2. .... dolor de oído.
3. ¿Tienes dolor de espalda?
4. Sara .... dolor de garganta.
5. Los niños tienen dolor de muelas.

○ a. ¿............... la espalda?
○ b. A Sara .... la garganta.
○ c. .... la cabeza.
○ d. A los niños .... las muelas.
○ e. Me duele el oído.

3 Explico qué les duele
Digo qué te pasa.

1. Si tienes gripe...
2. Si has comido mucho...
3. Si tomas muchos dulces...
4. Si haces mucho deporte...

secuencia 4 · Hablo de estados físicos

Tengo una vida sana 7

1. Comprendo una conversación sencilla

Escucho esta conversación y marco quién dice cada información. 🔊33

	Paula	Mamá	Ninguna
1. Está cansada y le duele la garganta.			
2. La frente está caliente, esto es fiebre.			
3. Cree que es gripe.			
4. Es importante beber mucha agua.			
5. El centro médico está cerca de casa de la abuela.			
6. La consulta es a las once.			
7. Son las nueve de la mañana.			
8. La fiesta de Sandra es en el parque acuático.			

2. Aprendo la diferencia entre *ser* y *estar*

Completo la explicación con las partes marcadas de la actividad 1.

Ser y estar

Ser
Usamos *ser* para:
- identificar (nombre, nacionalidad, forma, tamaño, color, precio, hora...)
  Ej.: ....
- localizar acontecimientos
  Ej.: ....
- valorar
  Ej.: ....

Estar
Usamos *estar* para:
- hablar de circunstancias y estados
  Ej.: ....
- localizar a personas, cosas, lugares, animales...
  Ej.: ....

3. Utilizo correctamente *ser* o *estar*

Completo las frases con uno de los dos verbos en la forma correcta.

1. Pablo no ha venido a clase, creo que .... en el dentista.
2. Te duele mucho, ¿verdad? Creo que el brazo .... roto.
3. ¿Dónde es la fiesta de fin de curso? .... en el restaurante del padre de Carmen, pero yo no puedo ir, porque .... enfermo.
4. Mira, Pepe, este señor .... el doctor Giráldez.
5. .... mejor poner frío en la pierna, para evitar la inflamación.

ciento treinta y cinco 135

Secuencia 5: Pienso en una vida sana

1. Comprendo unas recomendaciones
Leo, le pongo un título al blog y digo si las afirmaciones son verdaderas o falsas.

V F
- ☐ ☐ Tener una buena salud depende solo de nuestra dieta.
- ☐ ☐ Comer muchos dulces es malo para la salud.
- ☐ ☐ Las personas mayores no deben hacer ejercicio físico.
- ☐ ☐ Las personas sociables suelen ser más felices.

> Está claro que para estar sanos es muy importante comer bien, hacer ejercicio y tener buenos amigos. Necesitamos comer con orden, no solo lo que está bueno sino, sobre todo, lo que es bueno para nuestra salud: verduras, pescado y, especialmente, fruta, que es rica en vitaminas. Los dulces no son malos, pero no debemos comer demasiados, especialmente los industriales, porque tienen mucha grasa, y las chucherías, que tienen mucha azúcar.
>
> Es fundamental hacer ejercicio: correr, nadar, practicar algún deporte... Si una semana no estás bueno, si te sientes mal y estás enfermo, puedes descansar, pero en general tienes que hacer deporte todas las semanas, varios días. Pero no solo es importante cuidar la parte física, también hay que cuidar la emocional: los estudios dicen que las personas que son abiertas y sociables tienen más relaciones sociales y son más felices que las que son cerradas.

2. Observo el cambio de significado con *ser* y *estar*
Completo en mi cuaderno la explicación con los ejemplos del blog.

Cambios de significado

	con ser	con estar
Bueno	Positivo, de buen carácter o comportamiento, de buena calidad. Ejemplo:	Comida con buen sabor. También para personas, sano. Ejemplo:
Malo	Negativo. Ejemplo:	Comida con mal sabor. Ejemplo: *Este yogur está malo.*
Claro	Con mucha luz. Color no oscuro. Ejemplo: *La ropa de los médicos es clara.*	Evidente. Ejemplo:
Rico	Tener mucho... Ejemplo:	De buen sabor. Ejemplo: *La paella está muy rica.*
Abierto	Sociable, extrovertido. Ejemplo:	Lugares no cerrados donde se puede entrar. Ejemplo: *La enfermería del colegio está abierta.*
Listo	Inteligente. Ejemplo: *Mi compañero es muy listo y quiere ser médico.*	Preparado, terminado. Ejemplo: *La comida ya está lista.*

3. Elijo *ser* o *estar* para que las frases tengan el sentido adecuado
Confecciono mi horario de clases en español.

1. El gimnasio *es*/*está* cerrado hoy, por eso vamos a correr a la playa.
2. Creo que este yogur *es*/*está* malo, tiene un sabor raro.
3. El zumo de naranja *es*/*está* rico en vitamina C.
4. Mi abuela *es*/*está* muy mala y no puede andar mucho.
5. No me gusta esta chaqueta azul porque el color *es*/*está* muy claro.

Secuencia 6 — Organizo mi botiquín

7 Tengo una vida sana

1. Descubro los nombres de los medicamentos

Algunos chicos se han puesto enfermos. Relaciono las fotos con los medicamentos. Luego, escucho y completo los nombres de los medicamentos. 🎧34

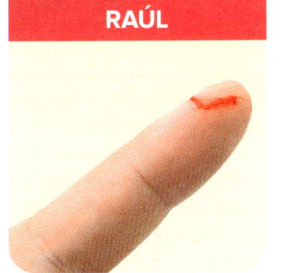

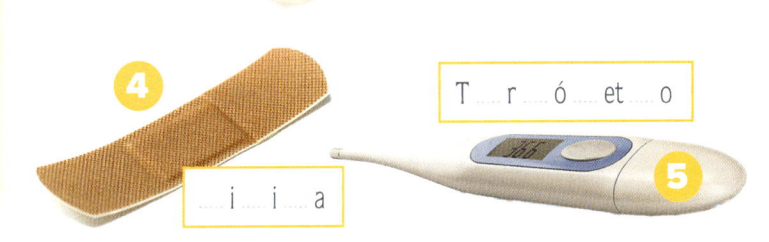

MARÍA SARA RAÚL PROFE DE GIMNASIA

1. P _ _ _ sti _ _ _ a
2. _ a _ a _ e
3. _ _ _ _ nda
4. _ i _ i _ a
5. T _ r _ ó _ et _ o

2. Aprendo las expresiones verbales

Leo y relaciono los elementos de las tres columnas. Luego, formo frases.

Perífrasis
1. *Hay que* + infinitivo
2. *Deber* + infinitivo
3. *Tener que* + infinitivo

Significado
a. Consejo
b. Obligación personal
c. Obligación general

Ejemplo
I. *Estoy enfermo, tengo que ir al médico.*
II. *Hay que beber dos litros de agua al día.*
III. *Tienes mala cara, debes ir al médico.*

1. Para limpiar las heridas...
2. Cuando me duele la garganta...
3. Para saber si tengo fiebre...
4. Si me duele la espalda...
5. Si tengo un corte...
6. Si me rompo un brazo...

○ a. tengo que usar un termómetro.
○ b. tengo que ponerme una tirita.
○ c. hay que usar algodón y alcohol.
○ d. debo tomar un jarabe.
○ e. tienen que ponerme una venda.
○ f. no debo hacer ejercicio.

3. Doy consejos

En parejas, doy consejos ante estas situaciones. Luego, mi compañero me plantea una situación y yo le doy un consejo.

1. Mi hermano mayor se ha cortado la mano, porque se ha roto un vaso.
2. Cuando he sacado la *pizza* del horno, me he quemado.
3. En el partido de fútbol me han dado una patada y me duele mucho la pierna.
4. Ayer hizo mucho frío. Creo que tengo fiebre y me duele la garganta.

ciento treinta y siete

Gramática

1 El verbo *doler*

a Observo el cuadro y subrayo los ejemplos que hay en la página 98.

	doler		
A mí	me		
A ti	te	duele	la cabeza
A él, ella, usted	le		
A nosotros, nosotras	nos		
A vosotros, vosotras	os	duelen	los pies
A ellos, ellas, ustedes	les		

¡Fíjate! El verbo **doler** funciona como el verbo **gustar**.

b Copio en mi cuaderno y completo los microdiálogos con estos pronombres.

me – te – le – nos – les

1. • ¿_____ duele la cabeza a ti también?
   • Sí, a mí también.

2. • A mi hermano y a mí _____ duele la garganta.
   • Claro, habéis comido mucho helado.

3. • Hola, Roberto, ¿qué tal?
   • Bueno, _____ duele un poco el oído.

4. • ¿Por qué no ha venido Manuel a clase?
   • Está en el médico, porque _____ duele la espalda.

5. • A mis abuelos _____ duelen las piernas, la espalda...
   • A mis abuelos también, ya están mayores.

c Elijo la forma adecuada del verbo *doler*.

1. Me *duele/duelen* la pierna derecha.
2. A mi madre le *duele/duelen* las piernas.
3. ¿Ya no te *duele/duelen* el codo?
4. A Ana y a mí nos *duele/duelen* el estómago.
5. Me *duele/duelen* los oídos.
6. He dormido mal y me *duele/duelen* el cuello.

2 Las expresiones verbales de obligación

a Observo el cuadro y añado un ejemplo para cada expresión.

Obligación personal	*Tener que* + infinitivo
Obligación general	*Hay que* + infinitivo
Consejo	*Deber* + infinitivo

¡Ojo! Si la expresión de obligación es negativa, **no** va delante, nunca entre la expresión y el infinitivo.

Tengo una vida sana 7

b Copio en mi cuaderno, elijo la opción adecuada y completo con un verbo.

1. Si te duele la cabeza, **debes/hay que** _____ una aspirina.
2. Cuando hace calor, **hay que/tenéis que** _____ mucha agua.
3. Si te has dado un golpe en el pie, no **debes/hay que** _____.
4. Chicos, **tenéis que/debéis** _____ el ejercicio 6 de la página 42 para mañana.
5. ¿Puedo ayudar? ¿Qué **deben/hay que** _____?
6. No entiendo bien este ejercicio, **debo/hay que** _____ al profesor.

3 Ser y estar

a Observo el cuadro y lo completo con los significados.

	Con *ser*	Con *estar*
Bueno		
Malo		
Claro		
Rico		
Abierto		
Listo		

b Relaciono.

1. Está bueno.
2. Es abierto.
3. Está listo.
4. Está cerrado.
5. Está claro.
6. Está malo.
7. Es delicado.
8. Es rico.

a. Está preparado, terminado.
b. Es evidente.
c. Es frágil, se puede romper fácilmente.
d. Está enfermo.
e. Es sociable, extravertido.
f. Tiene mucho dinero.
g. Está rico, delicioso.
h. No se puede entrar.

Secuencia final
Vecinos de América

Hoy en el chat, los vecinos de América nos descubren que bailar es mucho más que mover el cuerpo. Es una actividad física muy divertida y saludable.

BNCC 8

Entro en el chat. ¿Me gusta lo que proponen?

Leo y doy mi opinión.

Martina
Bolivia
Hoy quiero hacer alguna actividad física para sentirme mejor, pero no sé qué deporte hacer, ninguno me gusta mucho.

Yo
Brasil
Martina, ¿y por qué no patinas?

Martina
Bolivia
Hace años que patino, ya me aburre un poco.

Alejandro
Perú
Entonces, puedes correr.

Martina
Bolivia
¡No me gusta!

Nicolás
Uruguay
¡Ya sé...! ¿Por qué no bailas como hace mi hermana?

Martina
Bolivia
Es una idea interesante, pero me parece que bailar es solo una diversión.

Nicolás
Uruguay
¡Nooooo! Bailar es una terapia física y mental. En algunos gimnasios, se mezcla con el *fitness*, para tonificar la musculatura del cuerpo, y se usan ritmos africanos y latinos.

Tengo una vida sana 7

Martina
Bolivia
Pero no sé dónde encuentro clases de baile...

Alejandro
Perú
Parece que ahora está muy de moda bailar, hay muchas coreografías en los vídeos musicales. Incluso hay *flashmobs* divertidos.

Martina
Bolivia
¡Sí, es verdad! Bailan en las calles y... ¡Son verdaderos espectáculos!

Alejandro
Perú
Y digo yo, ¿tiene el baile tantos beneficios como dicen? Creo que no puede ser igual que un deporte, las ventajas tienen que ser menos...

Nicolás
Uruguay
Noooo, Alejandro. Mira acá cuántos beneficios hay.

Ayudo a crear las notas para Martina sobre las ventajas del baile

Acciones
Mejorar
Favorecer
Modelar
Quemar
Tonificar
Liberar

Beneficios
rendimiento cardiovascular
músculos
400 calorías por hora
estrés
cuerpo
postura corporal

Ejemplo:
El baile quema 400 calorías por hora.

¿Y si creamos todos juntos una coreografía de un *flashmob*, con una canción en español? https://www.youtube.com/watch?v=zWaymcVmJ-A

ciento cuarenta y uno

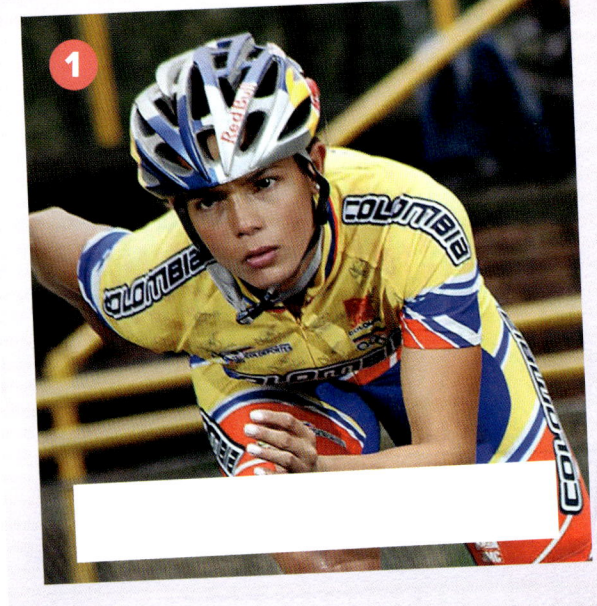

Nuestro proyecto
Mi deportista favorito

Conecto con Educación Física

1 ¿Cuánto sé de Colombia?

Leo el texto e indico si las afirmaciones son verdaderas o falsas.

V F
- ☐ ☐ La bebida más popular de Colombia es el café.
- ☐ ☐ Los deportes más importantes de Colombia son el fútbol y el ciclismo.
- ☐ ☐ La bandera de Colombia tiene tres colores: amarillo, verde y rojo.
- ☐ ☐ Colombia no tiene costa.
- ☐ ☐ La capital de Colombia es Quito.
- ☐ ☐ La cantante Shakira es colombiana.
- ☐ ☐ El nombre de Colombia es un homenaje a Cristóbal Colón.
- ☐ ☐ En Colombia se habla español.
- ☐ ☐ Colombia tiene más habitantes que Argentina.

Colombia es, después de Brasil y México, el tercer país más poblado de América Latina, con casi 50 millones de habitantes y, por tanto, el segundo país del mundo hispanohablante. Debe su nombre al descubridor de América, Colón.

Sus costas están bañadas por el mar Caribe y por el océano Pacífico.

Además de la capital, Bogotá, otras ciudades importantes son Medellín, Cali, Barranquilla y Cartagena de Indias.

Es un país muy famoso en todo el mundo por artistas como los cantantes Juanes y Shakira, por el escritor García Márquez o por el pintor Botero. Además del fútbol, deporte nacional, el ciclismo es muy popular. La bandera tiene los mismos tres colores que las banderas de Ecuador y Venezuela: el azul, el rojo y el amarillo. Colombia es el mayor productor de café del mundo y su café está considerado como uno de los de mayor calidad.

Contenido virtual

Tengo una vida sana 7

👁 2 Grandes deportistas colombianos

a. Escucho este programa de radio y señalo a quién corresponde cada afirmación. 🎧35

- Lucho Herrera
- James Rodríguez
- Cecilia Baena
- Juan Pablo Montoya

1. Consiguió el mejor gol de un Mundial.
2. Ganó 6 campeonatos del mundo.
3. Consiguió el premio de la montaña en las mejores carreras.
4. Ha estado en el podio en 30 ocasiones. Juega en un equipo español.

b. Ahora, escribo el nombre del deportista debajo de cada foto.

3 Ahora nosotros

Busco información, completo la ficha y presento a mi deportista favorito a la clase.

BNCC

Mi deportista favorito

Nombre ....
Deporte ....
Nacionalidad ....
Equipo ....
Premios por equipo ....
Premios individuales ....
Mejores cualidades ....

Accedo a...
ELE digital

ciento cuarenta y tres 143

Cuaderno de ejercicios

Secuencia 1 — Conozco el cuerpo humano

A El cuerpo humano

Ordeno las letras y escribo el nombre debajo de cada imagen.

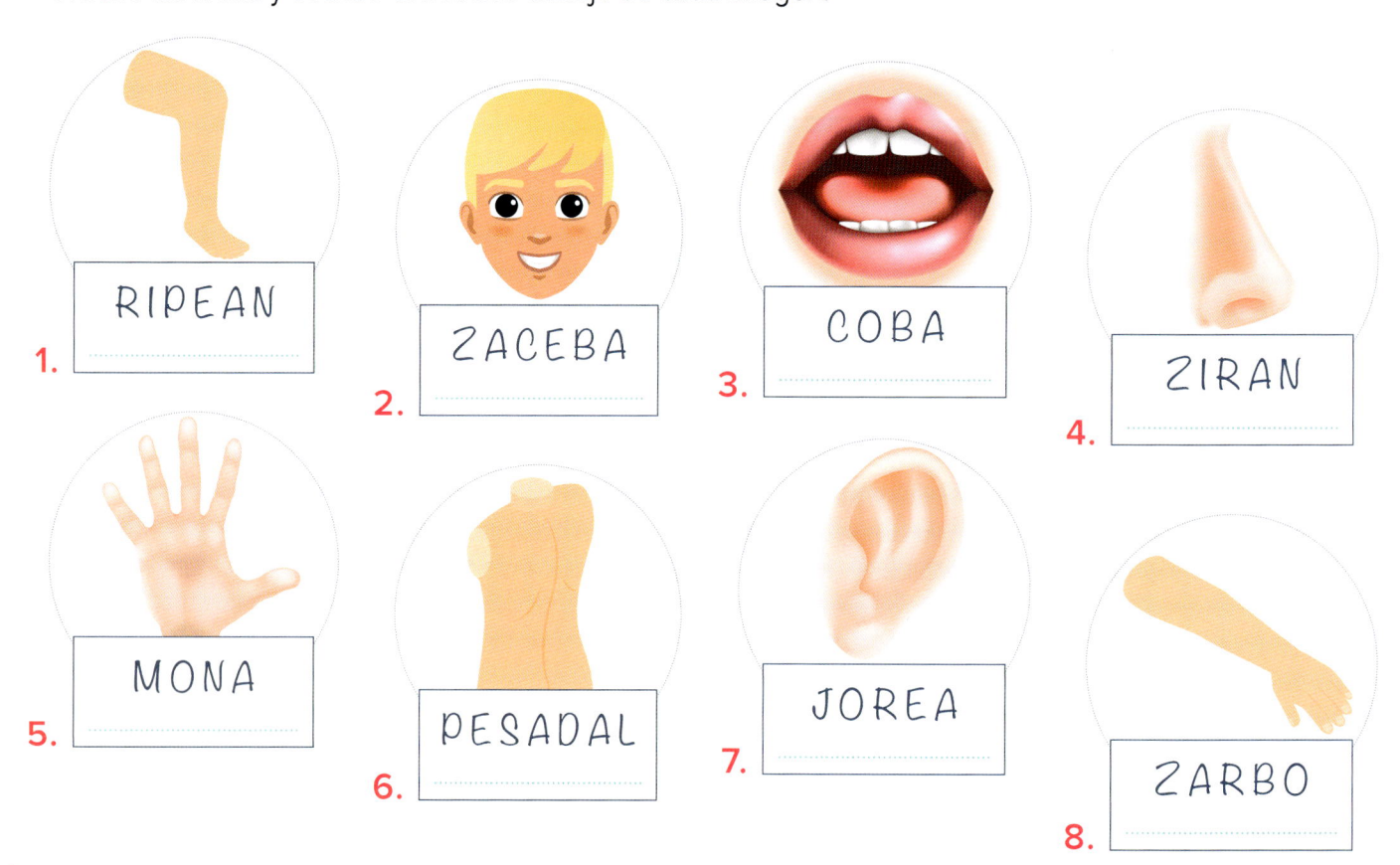

1. RIPEAN
2. ZACEBA
3. COBA
4. ZIRAN
5. MONA
6. PESADAL
7. JOREA
8. ZARBO

B Las partes del cuerpo (1)

Encuentro las palabras señaladas en la sopa de letras.

```
C U E L L O Y P E I I
K U C Y Q I Q B R A P
Q H H F C F R C Q K I
P E C H O E M A U S E
C T G U U J G G X S U
R O D I L L A E E I Y
C Q B F R U A G S X Q
H O E U I U X Y H F A
I D H G Z X E A O S B
U D E D O I Q A E C A
O Z D G V W Q O J O L
```

Las partes del cuerpo (2)
Ahora, respondo a estas preguntas.

¿Qué parte del cuerpo necesito para…

1. … girar la cabeza?
2. … doblar la pierna?
3. … abrir una puerta?
4. … oler una flor?
5. … saborear una naranja?
6. … pensar?

2 Hago gimnasia

A Actividades físicas
Completo las frases con estas palabras haciendo las transformaciones necesarias. Con la palabra que sobra, escribo una frase.

pie – rodilla – dedo – brazo – espalda – mano

1. Nos sentamos en el suelo y doblamos las _____. Primero la izquierda y después la derecha.
2. Con las piernas rectas, bajamos y nos tocamos los _____ con los _____ de la mano.
3. Bajamos y subimos los _____.
4. Vamos a hacer unas flexiones, todos con la _____ muy recta.

3 Explico problemas de salud

A El cuerpo
Completo el crucigrama con las partes del cuerpo.

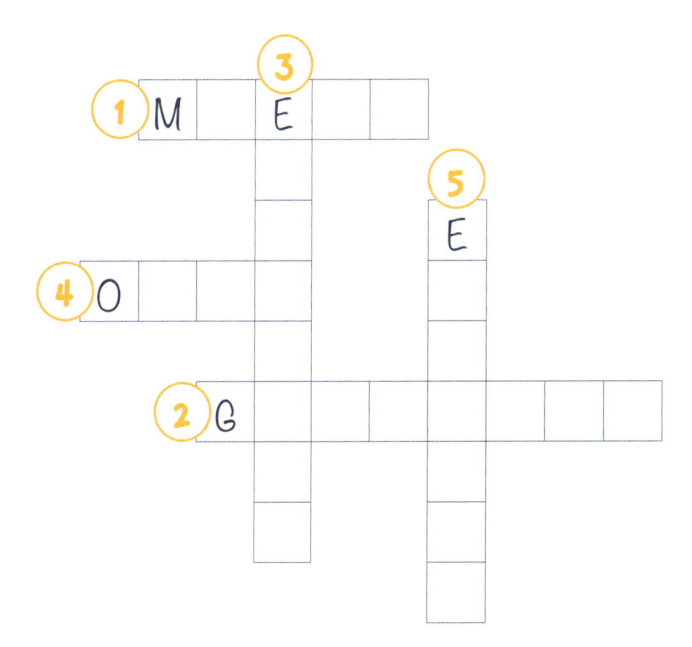

1 M _ E _ _
3 E
5 E
4 O _ _
2 G _ _ _ _

B El verbo *doler* (1)
Elijo la forma adecuada del verbo *doler*.

1. Me **duele/duelen** la muela.
2. ¿Te **duele/duelen** los oídos?
3. A mi hermano y a mí nos **duele/duelen** la garganta.
4. Me he caído y me **duele/duelen** la rodilla.
5. A mi abuela le **duele/duelen** el cuello.
6. Andrés y yo hemos estado toda la tarde con el ordenador y nos **duele/duelen** los ojos.
7. Hemos comido algo en mal estado y nos **duele/duelen** el estómago.
8. No puedo caminar más, me **duele/duelen** los pies.

C El verbo *doler* (2)
Completo las frases con el pronombre adecuado y el verbo *doler*.

1. A Pablo y a mí _____ mucho la cabeza.
2. ¿_____ (a vosotros) la garganta?
3. A Isabel _____ el codo.
4. A Carlos y a Irene _____ la espalda.
5. _____ el cuello, no puedo moverlo.
6. A mis amigos _____ el estómago.
7. ¿_____ (a ti) el oído?
8. Mi hermana y yo no podemos ir, _____ las muelas.

Secuencia 4 — Hablo de estados físicos

A ¿*Ser* o *estar*? (1)
Completo con uno de los dos verbos en la forma correcta.

1. ¿Dónde _____ la fiesta del cumpleaños de Raquel?
2. No se puede utilizar, _____ roto.
3. ¿De dónde _____ (vosotros)?
4. La piscina _____ muy cerca de la casa de mis abuelos.
5. ¿Cuánto _____ el libro?
6. _____ mejor hacer hoy los ejercicios.
7. _____ enferma, no puede venir con nosotros.
8. La reunión _____ en la sala de profesores.
9. Esta _____ mi hermana, se llama Bea.
10. La clase _____ muy aburrida.

B **¿Ser o estar? (2)**
Elijo la opción correcta.

1. **Somos/Estamos** españoles.
2. ¿**Sois/Estáis** todos en clase?
3. ¿Dónde **es/está** el supermercado más cercano?
4. Mi padre **es/está** médico y trabaja mucho.
5. Lo siento, el brazo **es/está** roto.
6. Mi abuela ya **es/está** mejor, no le duele la espalda.
7. ¿Sabes si Marta **es/está** enferma? Hoy no ha venido a clase.
8. ¿Quién **es/está** ese chico?
9. **Son/Están** las diez de la noche.
10. ¿De qué color **es/está** la bandera de España?

Secuencia 5: Pienso en una vida sana

A **Adjetivos que cambian de significado con *ser* y *estar* (1)**
Relaciono.

1. Esta tarta está muy rica.
2. Carlos habla con todo el mundo.
3. Ya puedes ir al museo.
4. La comida está preparada.
5. Ana no se encuentra bien.
6. Rebeca es muy inteligente.

a. Está buena.
b. Está mala.
c. Es abierto.
d. Es lista.
e. Está lista.
f. Está abierto.

B **Adjetivos que cambian de significado con *ser* y *estar* (2)**
Ahora, escribo un adjetivo con el verbo correspondiente.

1.
2. 
3. 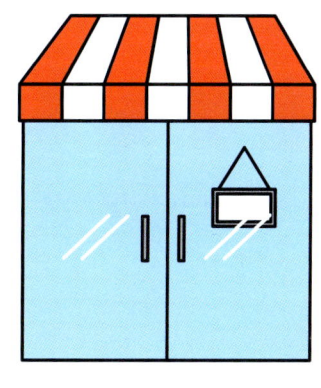
4.

Adjetivos que cambian de significado con *ser* y *estar* (3)
Completo las frases.

1. El pollo _____ muy rico, pero no tengo mucha hambre.
2. Hoy es festivo y las farmacias _____ cerradas.
3. ¿_____ listo, David? Vamos a llegar tarde.
4. _____ claro que está enfadada.
5. La naranja _____ rica en vitamina C.
6. Lleva mucho tiempo enfermo, _____ muy delicado.
7. Lucas _____ muy cerrado, no habla con nadie.
8. Cuidado con las copas, _____ delicadas.
9. El pescado _____ bueno, pero no está bien cocinado.
10. _____ muy buena, todo lo que tiene lo comparte.

Secuencia 6 — Organizo mi botiquín

A Los medicamentos
Observo y escribo el nombre de estas imágenes.

alcohol – algodón – crema – jarabe – venda – pastillas – tirita – termómetro

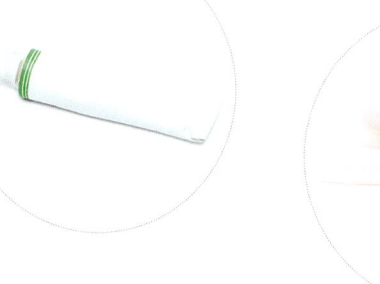

1.
2. 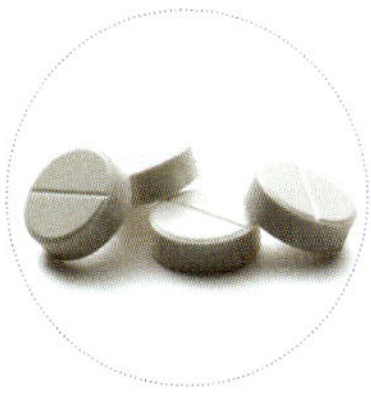
3. 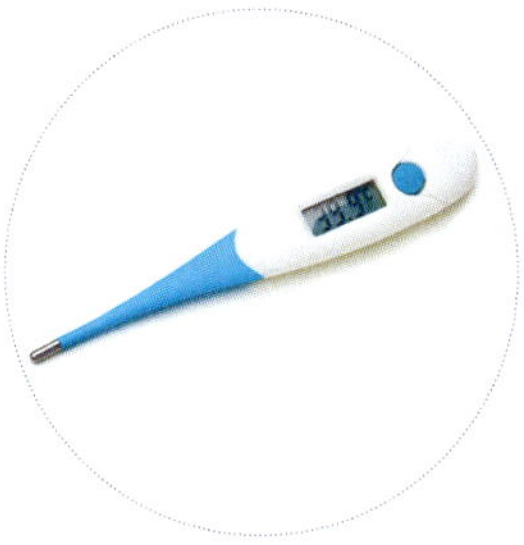
4. 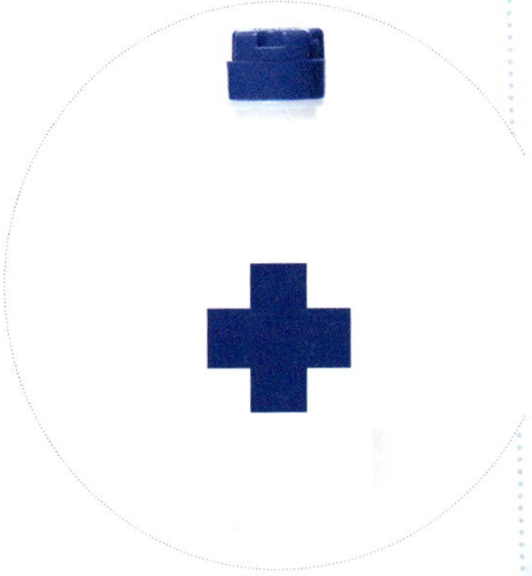
5. 
6.
7. 
8. 

148 ciento cuarenta y ocho

B Las expresiones verbales

Elijo la expresión verbal adecuada.

1. Para tener una vida sana **hay que/tienes que** hacer deporte todos los días.
2. Marta, **tienes que/hay que** comer más fruta.
3. Si te duele la garganta, **no debes/no hay que** beber cosas frías.
4. ¿Qué **hay que/tengo que** hacer? No entendemos el ejercicio.
5. Rubén, **tienes que/debes** escribir un texto de 80 palabras para mañana.
6. **Debes/Hay que** ir al dentista mañana sin falta.
7. Chicos, **hay que/debéis** estudiar todos los días.
8. Esa herida está muy mal, **debes/hay que** ir al médico.
9. Para desinfectar una herida **hay que/tienes que** usar algodón y alcohol.
10. **Tengo que/Debo** terminar este ejercicio para mañana.

DELE ESCOLAR A2

Expresión e interacción escritas

Mi profesor me ha puesto como deberes escribir una redacción que lleve por título *Una vida sana*. Redacto un texto en el que explico:

- Qué es tener una vida sana
- Qué vida sana hago yo
- Qué comida recomiendo para una vida sana
- Qué deportes realizo
- Qué hago para cuidarme

Número de palabras: entre 110 y 130.

....
....
....
....
....

Ayuda

- Para hacer recomendaciones: *Es importante comer bien. Es fundamental hacer deporte. Hay que cuidar las relaciones sociales.*
- Para hablar de cómo se siente uno: *Sentirse bien/mal. Estar bien/regular/mal. Me siento bien, estoy cansado.*
- Para aconsejar: *Es importante beber mucha agua. Hay que hacer ejercicio. Debes comer fruta y verdura todos los días. Si tienes fiebre, debes ir al médico.*
- Para mostrar interés: *Me gusta jugar al fútbol los sábados. Me interesan los deportes en equipo.*

Unidad 8
Hago planes

Los planes de Clara y de Patricia
contenido virtual

👁 Observo la secuencia de vídeo y señalo con una cruz los planes que tienen Clara y Patricia. Solo los que van a hacer juntas.

Competencias del Siglo XXI

BNCC

🧠 **Maneras de pensar: resolución de conflictos**
Pienso en lo que hago y valoro estos comportamientos de menos a más adecuados.

	①	②	③	④	⑤	⑥	⑦	⑧	⑨	⑩
Cuando hago planes con mis amigos, intento hacer lo que me apetece.										
Cuando hago planes con mis amigos, escuchamos todas las ideas y llegamos a un acuerdo.										
Cuando hay algún problema entre los amigos, lo intentamos solucionar hablando.										
Cuando hay malentendidos, por ejemplo, hablando por WhatsApp, no lo solucionamos después.										

En esta unidad...

1. Explico mi tiempo libre
2. Digo qué está ocurriendo
3. Describo el presente
4. Expreso mis ideas
5. Propongo actividades
6. Pongo excusas

... aprendo...

- *Estar* + gerundio
- Los gerundios regulares e irregulares
- Los conectores *y*, *e*, *o*, *u* y *pero*
- El gerundio con pronombres

- Las actividades de tiempo libre: *estar con los amigos, jugar con la consola, cuidar a los hermanos pequeños, hacer los deberes...*
- Las expresiones para hablar de la frecuencia: *una vez a la semana, a menudo, una vez al mes, casi nunca...*
- Los deportes: *patinar, esquiar, jugar al voleibol, correr...*

... para realizar...

Nuestro proyecto

Mi cuadro favorito

Pág. 162

ciento cincuenta y uno

Secuencia 1 — Explico mi tiempo libre

1 Aprendo las actividades de tiempo libre
Observo este gráfico y pongo mis actividades en su lugar correspondiente, según mi opinión.

1. ESTAR CON AMIGOS
2. HACER LOS DEBERES
3. JUGAR A VIDEOJUEGOS
4. HACER DEPORTE
5. VER LA TELEVISIÓN
6. TOCAR UN INSTRUMENTO
7. NAVEGAR POR INTERNET
8. CUIDAR A FAMILIARES
9. LEER LIBROS

¿EN QUÉ INVIERTEN LOS ADOLESCENTES ESPAÑOLES SU TIEMPO LIBRE?

ACTIVIDADES DE TIEMPO LIBRE / HORAS SEMANALES:
- 0,9
- 1,7
- 2,2
- 2,3
- 2,9
- 4,2
- 7,1
- 11
- 12,5

2 Conozco las expresiones para hablar de la frecuencia

a. Observo las expresiones y escribo en mi cuaderno frases sobre cuándo hago mis actividades de tiempo libre.

- a menudo
- a veces
- casi nunca
- muchas veces
- muy pocas veces
- todas las semanas, algunas veces
- todas las semanas, muchas veces
- una vez a la semana
- varias veces a la semana

b. Ahora, escucho y compruebo los resultados de los españoles. [36]

3 Comparo mis hábitos
¿Qué diferencias hay entre los españoles y yo?

Secuencia 2 — Digo qué está ocurriendo

Hago planes 8

1. Me fijo en los verbos
Relaciono las fotos con las actividades.

1. Están viendo una película en el cine. ○
2. Está patinando en el parque. ○
3. Está buscando información en Internet. ○
4. Está escribiendo una redacción sobre Perú. ○
5. Están jugando al ajedrez. ○
6. Están comiendo una hamburguesa. ○

2. Aprendo el gerundio
Observo los ejemplos de la actividad anterior y completo la explicación.

Para hablar de acciones que están pasando en este momento.

Acciones en progreso
Estar + gerundio

(yo)	estoy
(tú)	estás
(él, ella, usted)	está
(nosotros, nosotras)	estamos
(vosotros, vosotras)	estáis
(ellos, ellas, ustedes)	están

-ar .... (buscar)
.... jugando

-er -iendo (ver) ....
.... comiendo

-ir .... (vivir) ....
.... escribiendo

3. Describo qué están haciendo
Escribo en mi cuaderno. Puedo usar estos verbos.

tocar   estudiar   hablar   subir
beber   jugar   ver   abrir

153

Secuencia 3 — Describo el presente

1. Adivina, adivinanza

a. Leo y digo dónde creo que están estos chicos.

CARMEN	LIDIA	ALFONSO	LUCAS	JAVIER
Está leyendo un libro de García Márquez al aire libre.	Está sirviendo un café a su abuela.	Está durmiendo sobre la arena.	Está pidiendo uno de fresa.	Está diciendo a Silvia su teléfono.

b. Ahora, escucho y compruebo mis respuestas. ¿Cuántas he adivinado? 🎧 37

2. Aprendo los verbos con gerundio irregular

Busco los gerundios irregulares en las frases anteriores.

Verbos con gerundio irregular

e > i	verbos -ir irregulares en presente	pedir > pidiendo decir > ....
o > u	poder, morir, dormir	poder > pudiendo morir > muriendo dormir > ....
-yendo	verbos -aer, -eer, -oír, -uir y verbo ir	leer > .... caer > cayendo ir > yendo

3. Describo fotos

Completo y relaciono con las imágenes.

1. Yo me estoy .... (vestir) para ir a clase.
2. ¿Qué estáis .... (oír)?
3. Ana está .... (dormir) porque hoy no hay cole.
4. En este momento estamos en el tren y estamos .... (ir) a la montaña.
5. Ahora está lloviendo. Está .... (caer) mucha agua.

Secuencia 4 — Expreso mis ideas

Hago planes 8

1. Aprendo los conectores
Observo el cuadro. Luego, relaciono las frases con un conector.

Conectores

Y/E Usamos *e* cuando la siguiente palabra empieza por *i-* o *hi-*	para unir dos ideas
O/U Usamos *u* cuando la siguiente palabra empieza por *o-* u *ho-*	para expresar una idea alternativa
PERO	para expresar ideas opuestas

1. Quiero ir a la playa…
2. Es muy competitivo…
3. Podemos ir al cine…
4. Tengo que ir al cole…
5. Van a esquiar…

o/u   y/e   pero

a. organizar una fiesta en casa.
b. estoy cansado.
c. está lloviendo mucho.
d. van a tomar chocolate.
e. intenta ganar siempre.

2. Conecto ideas
Elijo los conectores adecuados.

Me encanta ir a los centros comerciales *y/o* de ocio, porque en esos lugares podemos descubrir qué hacen los adolescentes *y/e* los jóvenes para pasar el tiempo libre. Vas una tarde a uno de estos centros *y/pero* siempre están llenos de gente: no importa si hace calor *y/o* hace frío, si llueve *y/o* nieva, si es abril *o/u* octubre, si es martes *o/u* viernes: siempre hay gente. Encontramos un grupo de chicos que están discutiendo: Sara quiere ir al cine *y/e* Isabel prefiere jugar a los bolos. En otra parte, otros chicos han salido del colegio *y/u* también intentan ponerse de acuerdo: no saben si tomar un helado, un chocolate *o/u* otra cosa… En estos lugares hay muchas alternativas, *pero/y* me parece que es todo demasiado impersonal… ¿No prefieres un parque, *y/o* una heladería de barrio, para estar con los amigos?

3. Expreso mi opinión
Respondo a las preguntas y opino.

1. Y a ti, ¿te gustan los centros comerciales?
2. ¿Qué te gusta hacer en los centros comerciales?
3. ¿Y a tus amigos?

ciento cincuenta y cinco

Secuencia 5 — Propongo actividades

1 Comprendo diálogos para hacer planes

a. Escucho y relaciono los diálogos con las imágenes. 🎧 38

b. Ahora, marco qué va a hacer (✓) y qué no (X).

	✓	X
1. Ir de compras.	☐	☐
2. Ver un partido de voleibol.	☐	☐
3. Ver una peli en casa.	☐	☐
4. Ir al cine.	☐	☐
5. Comer una *pizza* después de patinar.	☐	☐
6. Cenar en casa después de patinar.	☐	☐
7. Ir al pueblo a ver a los abuelos.	☐	☐

2 Aprendo las expresiones para quedar con amigos
Leo este diálogo y el cuadro. Luego, ordeno la conversación.

- Chicos, ¿por qué no vamos esta tarde a correr al parque, a las cinco?
- Sí, genial. Muy bien.
- Lo siento, yo no puedo. ¿Y si vamos más tarde?
- Estupendo.

○ • Lo siento, no puedo a esa hora.
○ • ¡Estupendo! A las siete y media en el cine Albéniz.
○ • Sí, ¿a las siete y media?
○ • ¿Por qué no vamos al cine a las cinco?
○ • Genial, ¡hasta luego!
○ • ¿Y si quedamos más tarde?

Quedar con amigos

Proponer planes:
- ¿Por qué no + presente?

Para rechazar planes:
- Lo siento, no puedo.
- No puedo, pero ¿y si + presente?

Para aceptar planes:
- Genial. Estupendo.

3 Ahora yo
Creo tres diálogos breves con los recursos aprendidos.

Secuencia 6 — Pongo excusas

1. Comprendo unas excusas
Relaciono los planes y las excusas que ponen para no aceptar estos.

Planes

1. ¿Por qué no vamos esta tarde al cine?
2. ¿Vamos a ver el partido el domingo por la tarde?
3. ¿Vas a venir a mi fiesta de cumpleaños?
4. ¿Y si vamos al parque y jugamos al fútbol mañana?

Excusas

1. Perdona, es que me duele el pie y no puedo jugar.
2. No puedo. Tengo que estudiar... tengo un examen mañana.
3. Es que es el cumpleaños de mi hermana y tenemos una merienda familiar.
4. Lo siento, pero voy a estar de viaje justo ese día.

2. Aprendo a poner excusas
Completo el cuadro y luego, en parejas, reacciono poniendo una excusa.

Rechazar planes

Lo siento... + excusa o justificación
Ejemplo:

Perdona... + excusa o justificación
Ejemplo:

No puedo... + excusa o justificación
Ejemplo:

Es que... + excusa o justificación
Ejemplo:

- ¿Vienes a mi casa a jugar al nuevo videojuego?
-
- ¿Y si vamos al centro comercial esta tarde?
-
- ¿Quieres quedar, y hacemos los deberes juntos?
-
- ¿Por qué no nos quedamos en casa tranquilos y vemos la tele?
-

3. ¡Hoy los planes no salen bien!
Hoy a Luis no le salen bien los planes. Imagino la conversación que tuvo con su amiga Teresa y, con mis palabras, completo el diálogo.

- Teresa, ¿por qué no jugamos un partido de tenis esta tarde?
-
- Vale. ¿Y si damos un paseo con las bicis?
- No puedo, es que mi bici está rota.

-
- Lo siento, pero no me gustan las *pizzas*.
-
- ¡Genial! ¿A qué hora nos vemos?

Hago planes 8

Gramática

1 Gerundio regular

a Observo el esquema, busco todos los gerundios que hay en la unidad y los clasifico en *-ar* o *-er/-ir*.

Verbos irregulares (2)

Estar + gerundio

(yo)	estoy
(tú)	estás
(él, ella, usted)	está
(nosotros, nosotras)	estamos
(vosotros, vosotras)	estáis
(ellos, ellas, ustedes)	están

- *-ar -ando* (buscar) buscando / (jugar) jugando
- *-er -iendo* (ver) viendo / (comer) comiendo
- *-ir -iendo* (vivir) viviendo / (escribir) escribiendo

¡Fíjate! Se usa la expresión **estar + gerundio** para indicar una acción que ocurre ahora mismo.

b Copio en mi cuaderno y completo las frases con la forma adecuada del gerundio.

1. Pablo está _____ *(comer)* chucherías.
2. Estoy _____ *(ir)* a casa de Juan.
3. Marta y Sara están _____ *(salir)* de la zapatería.
4. Los chicos de mi clase están _____ *(jugar)* un partido de fútbol.
5. Mi padre está _____ *(escribir)* un correo electrónico a su amigo boliviano.
6. ¿Estás _____ *(comer)* ahora? Es muy tarde.
7. Está _____ *(llover)* muchísimo.
8. Sole está _____ *(preparar)* la mochila para ir al cole.

c Escribo qué están haciendo.

Hago planes 8

2 Gerundio irregular

Observo. Luego, escribo en mi cuaderno frases con *estar* + gerundio con los verbos del recuadro.

leer – morir – ir – pedir – decir – caer

	Verbos con gerundio irregular	
e > i	verbos *-ir* irregulares en presente	pedir > pidiendo decir > diciendo
o > u	*poder, morir, dormir*	poder > pudiendo morir > muriendo dormir > durmiendo
-yendo	verbos *-aer, -eer, -oír, -uir* y verbo *ir*	leer > leyendo caer > cayendo ir > yendo

3 Proponer, aceptar y rechazar planes

a Observo el cuadro. Luego, acepto o rechazo los planes.

Para proponer planes:	Para rechazar planes:	Para aceptar planes:
- ¿Por qué no + presente?	- Lo siento, no puedo. - No puedo, pero ¿y si + presente?	- Genial. - Estupendo.

1. • ¿Y si cenamos fuera?
   • ....
2. • ¿Por qué no jugamos un partido de tenis?
   • ....
3. • ¿Vamos al cine esta noche? Hay una peli de Benicio del Toro.
   • ....
4. • ¿Vamos este fin de semana a casa de los abuelos?
   • ....
5. • ¿Por qué no vamos estas vacaciones a Costa Rica?
   • ....

b Propongo planes para las siguientes respuestas.

1. • ....
   • Lo siento, tengo que estudiar.
2. • ....
   • ¡Estupendo! Me encanta hacer deporte.
3. • ....
   • Es que tengo que cuidar a mi hermano.
4. • ....
   • ¡Genial! ¿A qué hora quedamos?
5. • ....
   • Lo siento, no me gustan las hamburguesas.

Secuencia final
Vecinos de América

Con los vecinos de América vamos a conocer otro concepto de arte y varios museos sin paredes, al aire libre.

3 4 6
BNCC

Conozco el arte al aire libre

1 Entro en el chat y lo descubro.

Perú — Alejandro: ¡Holaaaaaa! Hace días que nadie escribe nada. ¿Qué está pasando en este grupo? ¿Ya están de vacaciones?

Bolivia — Martina: Nooooo. Yo estaba viendo unas fotos con una amiga que estuvo en un museo a cielo abierto en Medellín. ¡Las fotos son increíbles! El lugar se llama Plaza Botero y tiene esculturas enormes de bronce.

Perú — Alejandro: ¡¿Un museo a cielo abierto?! Pero... ¿los museos no están cerrados para proteger las obras?

Bolivia — Martina: No todos. Mi amiga y yo acabamos de ver varios en Internet. Por ejemplo, en Brasil hay dos: el Museo de Arte Urbano, de São Paulo, y el Instituto Inhotim, de Brumadinho, en Minas Gerais. Parece que este último es inmenso. ¡Me gustaría mucho conocerlo!

Brasil — Yo: ¡Vaya, Martina! Veo que ya conoces una de las grandes joyas de Brasil. El año pasado me llevaron mis padres a Inhotim y pasamos tres días conociéndolo.

Uruguay — Nicolás: ¡Impresionante! Pues acá en Punta del Este también hay uno, se llama Parque de las esculturas. Lo visitamos con la escuela y es una sensación diferente estar en un museo sin paredes.

Perú — Alejandro: Martina, todo esto me está haciendo pensar en si hay diferentes maneras de expresar el arte, porque tenemos cuadros, bailes, literatura, grafitis... ¡Un montón de cosas!

Bolivia — Martina: Y nosotros, ¿qué obras vamos a dejar en el mundo? ¿Ya han pensado en eso?

Perú — Alejandro: Pues yo voy a pensarlo después. Ahora, solo quiero disfrutar de mis vacaciones. Mañana viajo con mis padres. ¡Ya estoy haciendo las maletas!

Hago planes 8

Brasil — Yo: Martina, yo sí he pensado un poco, ya que ha sido un año genial porque he aprendido a ver de otra manera la riqueza de este continente que nos une. Creo que, el chat puede ser el comienzo de nuestra obra. Así que, gracias. ¡Nos hablamos! ¡Felices vacaciones a todos!

Uruguay — Nicolás: ¡Es verdad, amigo! Cada uno de nosotros descubrió que, a pesar de las diferencias, la lengua y la cultura abren las fronteras y nos aproximan. *¡Obrigado!*

Brasil — Yo: ¡Qué lindo, Nicolás escribiendo en portugués! Pues muy bien. También quiero descansar un poco. ¡Vacaciones al fin! Besos a todos los del chat VECINOS de AMÉRICA.

2 Busco en Internet un museo a cielo abierto, tomo notas y comento con mi compañero lo que más me ha gustado:

3 Pienso en el cuadro de mi propia vida, en cosas como: ¿qué planes tengo para el próximo año?, ¿qué obra quiero dejar en el mundo? Y en este espacio puedo escribir, dibujar, pintar, pegar cualquier cosa... que represente estos planes.

Soy el autor de mi propia obra.

Autor

ciento sesenta y uno 161

Nuestro proyecto

Mi cuadro favorito

Conecto con Educación Plástica

El bautismo de Cristo, El Greco, 1609, El Senado (Madrid)

1 Tipos de pinturas

Relaciono los géneros pictóricos con su descripción.

- Retrato
- Pintura histórica
- Paisaje
- Pintura religiosa
- Bodegón
- Pintura mitológica

- Es una obra en la que se representan acontecimientos como una batalla, un descubrimiento, una conquista, una firma de un tratado de paz, etc.

- Es una obra en la que se pinta a una persona, que puede ser famosa o simplemente un modelo. Cuando el pintor se pinta a sí mismo, se llama *autorretrato*.

- También se llama *naturaleza muerta*. Es una pintura en la que se representan alimentos y objetos.

- Es una obra que presenta un momento de la vida de Jesucristo, de la Virgen María o de algún santo.

- En este tipo de pinturas se refleja la naturaleza: un bosque, montañas, un río... Cuando se representa el mar se llama *marina*.

- Es una obra que representa una escena de un mito clásico, griego o romano.

El 3 de mayo de 1808 en Madrid, Goya, 1814, Museo del Prado (Madrid)

2 Grandes pinturas españolas

Observo estas grandes obras de la pintura española y digo a qué género pertenece cada una. Si lo necesito, me informo en Internet sobre las obras.

Galatea en las esferas, Dalí, 1952, Teatro-Museo Dalí, (Figueras, Gerona)

Hago planes 8

Paisaje mediterráneo, Picasso, 1952, colección privada.

3 Aprendo a mirar un cuadro

Escucho la descripción de este cuadro y elijo la opción correcta en cada caso. 🎧 39

Guernica, Picasso, 1937, Museo Reina Sofía (Madrid)

Título	Guernica ○	La matanza ○	País Vasco ○
Autor	Dalí ○	Miró ○	Picasso ○
Estilo	Surrealista ○	Cubista ○	Impresionista ○
Género	Religioso ○	Histórico ○	Mitológico ○
Personajes	Reyes ○	Anónimos ○	Militares ○
Color	Color ○	Blanco y negro ○	

La fragua de Vulcano, Velázquez, 1630, Museo del Prado (Madrid)

4 Ahora nosotros

Elijo mi cuadro preferido, me informo y lo presento a la clase. ¿Qué piensas que quiere transmitir el artista? ¿Qué emociones te despierta la obra?

3 4 5 BNCC

- Título: ....
- Autor: ....
- Estilo: ....
- Género: ....
- Personajes: ....
- Color: ....

Naturaleza muerta con naranjas, limones y una rosa, Zurbarán, 1633, Museo Norton Simon (Los Ángeles)

Accedo a...
ELE digital

ciento sesenta y tres 163

Cuaderno de ejercicios

Secuencia 1 — Explico mi tiempo libre

A Actividades de tiempo libre (1)
Relaciono las dos columnas y escribo la actividad debajo de cada imagen.

1. hacer
2. jugar
3. quedar
4. cuidar
5. navegar
6. ver
7. leer
8. tocar

a. con los amigos
b. la tele
c. los deberes
d. cómics, revistas y libros
e. a hermanos o familiares
f. un instrumento musical
g. a videojuegos
h. por Internet

A.
B. 
C. 
D. 
E. 
F. 
G. 
H. 

B Actividades de tiempo libre (2)
Completo con las actividades anteriores.

① A mí no me importa qué actividad hacer, para mí lo más importante es _____ y hablar, tomar un refresco… Algunas veces, cuando mis padres tienen mucho trabajo, tengo que _____, que tiene solo 2 años.

② En mi familia todos _____: mi padre, el piano; mi madre y yo, la guitarra. A mí también me gusta _____, sobre todo los de aventuras.

③ A mí me gusta mucho la tecnología: me encanta _____ (tengo una Play) y también me gusta _____ en mi ordenador portátil o en la *tablet*.

④ Yo todos los días, cuando vuelvo del colegio, como, después descanso y _____ (*Los Simpson* es mi serie favorita) y luego _____ para el día siguiente.

C La frecuencia
Ordeno estas expresiones de menor a mayor frecuencia.

| todos los días | nunca | a menudo | dos veces por semana | casi nunca | una vez al mes |

↓　　↓　　↓　　↓　　↓　　↓
○　　○　　○　　○　　○　　○

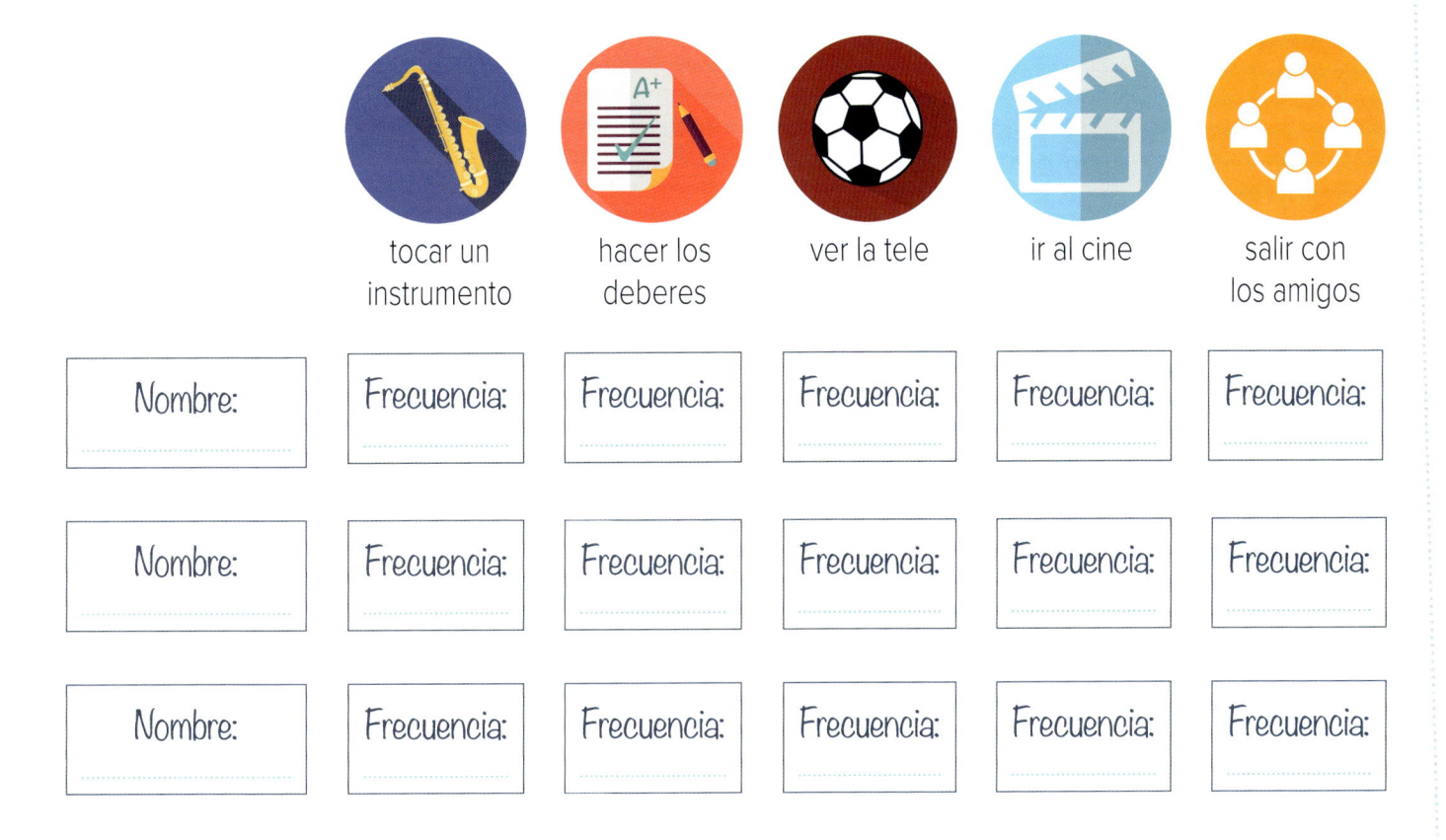

D Hablar de la frecuencia (1)
Ahora, elijo a tres compañeros y les pregunto con qué frecuencia realizan estas actividades.

	tocar un instrumento	hacer los deberes	ver la tele	ir al cine	salir con los amigos
Nombre:	Frecuencia:	Frecuencia:	Frecuencia:	Frecuencia:	Frecuencia:
Nombre:	Frecuencia:	Frecuencia:	Frecuencia:	Frecuencia:	Frecuencia:
Nombre:	Frecuencia:	Frecuencia:	Frecuencia:	Frecuencia:	Frecuencia:

E Hablar de la frecuencia (2)
Escribo frases explicando el ejercicio anterior.

1.

2.

3.

ciento sesenta y cinco **165**

Secuencia 2: Digo qué está ocurriendo

A El gerundio regular (1)
Escribo el gerundio de estos verbos.

1. estudiar →
2. volver →
3. salir →
4. patinar →
5. beber →
6. escribir →
7. entrenar →
8. comer →
9. subir →
10. cantar →
11. ver →
12. vivir →

B El gerundio regular (2)
Imagino que llamo por teléfono a estas cinco personas y les pregunto: «¿Qué estás haciendo ahora?». Respondo lo que creo que hacen.

1. A mi padre
2. A mi madre
3. A mi abuelo
4. A mi profesor
5. A mi mejor amigo

C ¿Qué están haciendo?
Respondo a las preguntas.

1. ¿Qué están haciendo papá y mamá?
2. ¿Qué está haciendo el profesor?
3. ¿Qué está haciendo Jorge?
4. ¿Qué está haciendo el águila?
5. ¿Qué están haciendo David y Rebeca?
6. ¿Qué está haciendo tu hermana?
7. ¿Qué están haciendo los niños?

3 Describo el presente

A El gerundio irregular (1)
Escribo el gerundio de los siguientes verbos. Todos son irregulares excepto uno, ¿cuál es?

1. servir →
2. dormir →
3. leer →
4. decir →
5. ser →
6. pedir →
7. caer →
8. morir →
9. construir →
10. ir →
11. oír →
12. poder →

✓ El verbo _____ es regular en gerundio.

B El gerundio irregular (2)
Clasifico los verbos anteriores según su irregularidad.

Verbos e > i	Verbos o > u	Verbos -yendo

C Estar + gerundio
Completo con la forma adecuada de estar + gerundio de estos verbos.

dormir - pedir - leer - preparar - construir - recibir - decir - jugar - hacer

1. • ¿Qué están haciendo en el colegio?
   • _____ una piscina nueva.
2. • ¿Dónde están Carlos y Luis?
   • En la barra del bar, _____ la comida.
3. Yo _____ a un nuevo juego on-line con mi amigo de México.
4. ¡Silencio! La profesora _____ los deberes que hay que hacer para mañana.
5. Ana llegó ayer muy tarde y no se ha levantado, todavía _____ .
6. • ¿Qué _____ (vosotros)?
   • _____ una tarta de chocolate para el cumpleaños de Adela.
7. Ahora _____ un cómic muy interesante, se llama Oishinbo, ¿lo conoces?
8. Ahora mismo _____ un e-mail con las fotos de la fiesta de fin de curso.

Secuencia 4 — Expreso mis ideas

A Los conectores
Completo con *y, e, o, u, pero*.

1. Quiero ir al cine esta noche, _____ mis padres no me dejan porque mañana hay cole.
2. Sandra, Ana, Luis _____ Carlos van a venir a mi fiesta de cumpleaños.
3. • ¿En qué mes es el Día de la Hispanidad, septiembre _____ octubre?
   • En octubre, el día 12.
4. Pedro _____ Inmaculada están en mi clase.
5. • ¿Tú vas a ir al concierto?
   • Yo quiero, _____ es muy caro.
6. ¿Cómo se llama el chico nuevo de tu clase, César _____ Óscar?
7. • ¿Qué día es tu cumpleaños, el trece _____ el catorce?
   • El trece, nunca te acuerdas, ¿eh?
8. La final de la Eurocopa la jugaron España _____ Italia.

Secuencia 5 — Propongo actividades

A Hacer planes
Observo las imágenes y propongo planes a mis amigos.

secuencia 6 Pongo excusas

A Proponer, aceptar y rechazar planes
Completo los diálogos libremente, siguiendo las indicaciones.

- ¿Por qué no vamos al parque el sábado por la mañana?
- (Aceptar)

- ¿Y si vemos una película en casa?
- (Rechazar)

- (Proponer plan)
- Lo siento, mañana por la tarde no puedo.

- ¿Vamos al centro comercial a ver la tienda nueva?
- (Rechazar)

- ¿Vienes a mi casa y hacemos los deberes juntos?
- (Aceptar)

DELE ESCOLAR A2

Expresión e interacción orales

DESCRIPCIÓN DE UNA FOTO

Describo detalladamente durante uno o dos minutos todo lo que veo en la foto. Estos son algunos aspectos de los que puedo hablar.

- ¿Cómo son las personas que aparecen en la foto?
- ¿Qué relación creo que tienen?
- Describo el físico y la ropa que llevan. ¿Qué carácter creo que tienen?
- ¿Dónde están?
- ¿Qué están haciendo?
- ¿Qué van a hacer después?

Repaso gramatical

1. Los verbos

Los verbos españoles terminan en **-ar, -er** o **-ir**, como en *hablar*, *leer* o *vivir*, y tienen diferentes finales según la persona.

Los verbos en presente

1. La forma del presente:

	Verbos -ar	
(yo)	-o	hablo
(tú)	-as	hablas
(él, ella, usted)	-a	habla
(nosotros, nosotras)	-amos	hablamos
(vosotros, vosotras)	-áis	habláis
(ellos, ellas, ustedes)	-an	hablan

	Verbos -er		Verbos -ir	
(yo)	-o	leo	-o	vivo
(tú)	-es	lees	-es	vives
(él, ella, usted)	-e	lee	-e	vive
(nosotros, nosotras)	-emos	leemos	-imos	vivimos
(vosotros, vosotras)	-éis	leéis	-ís	vivís
(ellos, ellas, ustedes)	-en	leen	-en	viven

2. Hay algunos verbos que son **irregulares**, que cambian en presente:

¡Fíjate! En español **no es necesario utilizar los pronombres personales**, porque el verbo ya indica la persona.

	ser	estar	tener
(yo)	soy	estoy	tengo
(tú)	eres	estás	tienes
(él, ella, usted)	es	está	tiene
(nosotros, nosotras)	somos	estamos	tenemos
(vosotros, vosotras)	sois	estáis	tenéis
(ellos, ellas, ustedes)	son	están	tienen

¡Fíjate! Las formas *nosotros/nosotras* y *vosotros/vosotras* casi siempre son regulares.

	hacer	ver	ir
(yo)	hago	veo	voy
(tú)	haces	ves	vas
(él, ella, usted)	hace	ve	va
(nosotros, nosotras)	hacemos	vemos	vamos
(vosotros, vosotras)	hacéis	veis	vais
(ellos, ellas, ustedes)	hacen	ven	van

	jugar	empezar	poder
(yo)	juego	empiezo	puedo
(tú)	juegas	empiezas	puedes
(él, ella, usted)	juega	empieza	puede
(nosotros, nosotras)	jugamos	empezamos	podemos
(vosotros, vosotras)	jugáis	empezáis	podéis
(ellos, ellas, ustedes)	juegan	empiezan	pueden

	volver	pedir	conocer
(yo)	vuelvo	pido	conozco
(tú)	vuelves	pides	conoces
(él, ella, usted)	vuelve	pide	conoce
(nosotros, nosotras)	volvemos	pedimos	conocemos
(vosotros, vosotras)	volvéis	pedís	conocéis
(ellos, ellas, ustedes)	vuelven	piden	conocen

	escoger	poner	dar
(yo)	escojo	pongo	doy
(tú)	escoges	pones	das
(él, ella, usted)	escoge	pone	da
(nosotros, nosotras)	escogemos	ponemos	damos
(vosotros, vosotras)	escogéis	ponéis	dais
(ellos, ellas, ustedes)	escogen	ponen	dan

	querer	dormir
(yo)	quiero	duermo
(tú)	quieres	duermes
(él, ella, usted)	quiere	duerme
(nosotros, nosotras)	queremos	dormimos
(vosotros, vosotras)	queréis	dormís
(ellos, ellas, ustedes)	quieren	duermen

Los verbos con pronombres o con preposición

1. Los verbos **reflexivos**:

	llamarse	levantarse
(yo)	me llamo	me levanto
(tú)	te llamas	te levantas
(él, ella, usted)	se llama	se levanta
(nosotros, nosotras)	nos llamamos	nos levantamos
(vosotros, vosotras)	os llamáis	os levantáis
(ellos, ellas, ustedes)	se llaman	se levantan

2. Hay verbos que **siempre van con pronombre indirecto**:

		gustar/doler	
A mí	me	gusta / duele	+ infinitivo: *nadar / bailar*
A ti	te		
A él, ella, usted	le		+ sustantivo en singular: *el chocolate / la música latina*
A nosotros/as	nos	gustan / duelen	+ sustantivo en plural: *los cómics / las películas*
A vosotros/as	os		
A ellos, ellas, ustedes	les		

¡Ojo!
Los pronombres que van con *a* (*a mí, a ti...*) son opcionales y se usan para dar énfasis, excepto si es una respuesta, que entonces tienen que ir:
***(A mí)** no me gusta el chocolate.*
***A mí** sí.*

2. El verbo ***ir*** con preposiciones:

	ir	
(yo)	voy	**ir a** + lugar
(tú)	vas	
(él, ella, usted)	va	**ir en** + medio de transporte
(nosotros, nosotras)	vamos	
(vosotros, vosotras)	vais	**ir con** + persona
(ellos, ellas, ustedes)	van	

Voy en...
- bici
- moto
- autobús
- metro
- tren
- taxi

¡Fíjate!
Se utiliza ***ir a*** + **verbo** para hablar de actividades futuras:
*Mañana **voy a** comer con mis amigos en una pizzería.*

Los verbos en pretérito perfecto compuesto

1. El **pretérito perfecto compuesto** se forma con el verbo *haber* y el *participio*. Esta es la forma del pretérito perfecto compuesto:

	haber	+ participio
(yo)	he	-ar > -ado (estar > estado)
(tú)	has	
(él, ella, usted)	ha	-er > -ido (comer > comido)
(nosotros, nosotras)	hemos	
(vosotros, vosotras)	habéis	-ir > -ido (subir > subido)
(ellos, ellas, ustedes)	han	

2. Hay algunos **participios** que son **irregulares**:

infinitivo	participio
abrir	abierto
decir	dicho
escribir	escrito
hacer	hecho
poner	puesto
resolver	resuelto
romper	roto
ver	visto
volver	vuelto

ciento setenta y uno

Repaso gramatical

3. El **pretérito perfecto compuesto** se utiliza para **hablar del pasado** y se utiliza normalmente con expresiones como:

   Hoy, esta mañana, esta semana, este fin de semana, este año...

4. Y también con **expresiones de tiempo no definidas**, como:

   Nunca, una vez, muchas veces, siempre....

Los verbos en pretérito perfecto simple

1. Esta es la forma del **pretérito perfecto simple** de los **verbos regulares**:

	-ar cantar	-er nacer	-ir compartir
(yo)	canté	nací	compartí
(tú)	cantaste	naciste	compartiste
(él, ella, usted)	cantó	nació	compartió
(nosotros, nosotras)	cantamos	nacimos	compartimos
(vosotros, vosotras)	cantasteis	nacisteis	compartisteis
(ellos, ellas, ustedes)	cantaron	nacieron	compartieron

2. Hay algunos **verbos** que son **irregulares**:

	ser/ir	hacer	estar
(yo)	fui	hice	estuve
(tú)	fuiste	hiciste	estuviste
(él, ella, usted)	fue	hizo	estuvo
(nosotros, nosotras)	fuimos	hicimos	estuvimos
(vosotros, vosotras)	fuisteis	hicisteis	estuvisteis
(ellos, ellas, ustedes)	fueron	hicieron	estuvieron

	venir	decir	querer
(yo)	vine	dije	quise
(tú)	viniste	dijiste	quisiste
(él, ella, usted)	vino	dijo	quiso
(nosotros, nosotras)	vinimos	dijimos	quisimos
(vosotros, vosotras)	vinisteis	dijisteis	quisisteis
(ellos, ellas, ustedes)	vinieron	dijeron	quisieron

	dar	tener	poder
(yo)	di	tuve	pude
(tú)	diste	tuviste	pudiste
(él, ella, usted)	dio	tuvo	pudo
(nosotros, nosotras)	dimos	tuvimos	pudimos
(vosotros, vosotras)	dísteis	tuvisteis	pudisteis
(ellos, ellas, ustedes)	dieron	tuvieron	pudieron

3. El **pretérito perfecto simple** se utiliza para **hablar del pasado** y se utiliza normalmente con expresiones como:

   Ayer, el año pasado, el otro día, hace... años, hace mucho tiempo.

4. El **pretérito perfecto simple y el compuesto** se diferencian por **el momento del pasado** del que se habla.

Pretérito perfecto simple	Pretérito perfecto compuesto
• Expresa acciones terminadas en el pasado sin relacionarlas con el presente.	• Expresa acciones terminadas en el pasado, pero relacionadas con el presente.
• Se utiliza con: *ayer, anoche, hace dos años, hace dos días, hace unos años, en 1998*.	• Se utiliza con: *alguna vez, ya, nunca, hace dos horas, recientemente, este año...*

INSTANTES 2

Los verbos en pretérito imperfecto

1. La forma del **pretérito imperfecto** es:

	Verbos -ar	
(yo)	-aba	hablaba
(tú)	-abas	hablabas
(él, ella, usted)	-aba	hablaba
(nosotros, nosotras)	-ábamos	hablábamos
(vosotros, vosotras)	-abais	hablabais
(ellos, ellas, ustedes)	-aban	hablaban

	Verbos -er o -ir		El verbo ser
(yo)	-ía	leía o vivía	era
(tú)	-ías	leías o vivías	eras
(él, ella, usted)	-ía	leía o vivía	era
(nosotros, nosotras)	-íamos	leíamos o vivíamos	éramos
(vosotros, vosotras)	-íais	leíais o vivíais	erais
(ellos, ellas, ustedes)	-ían	leían o vivían	eran

2. El **pretérito imperfecto** se utiliza para **describir el pasado**.

2 Las expresiones verbales

1. Se utilizan con otro verbo en infinitivo para:

Hacer planes	Ir a	
Expresar obligación	Tener que	
Expresar deseo	Querer	
Dar consejo	Deber	+ infinitivo
Expresar obligación de forma impersonal	Hay que	
Pedir y dar permiso	Se puede	
Expresar prohibición	No se puede	

2. Se utiliza con **gerundio**:

	Estar + gerundio	
(yo)	estoy	
(tú)	estás	-ar -ando (buscar) buscando
(él, ella, usted)	está	(jugar) jugando
(nosotros, nosotras)	estamos	-er -iendo (ver) viendo
(vosotros, vosotras)	estáis	(comer) comiendo
(ellos, ellas, ustedes)	están	-ir -iendo (vivir) viviendo (escribir) escribiendo

3. Hay algunos **gerundios irregulares**:

e > i	verbos -ir irregulares en presente	pedir > pidiendo decir > diciendo
o > u	poder, morir, dormir	poder > pudiendo morir > muriendo dormir > durmiendo
-yendo	verbos -aer, -eer, -oír, -uir y verbo ir	leer > leyendo caer > cayendo ir > yendo

3 Las preposiciones

1. Las preposiciones **con valor de tiempo**:

Preposiciones para expresar tiempo	
A la/las hora + **de** parte del día	Estudio español **a las** diez **de la** mañana.
Desde la/las hora + **hasta la/las** hora	Tengo clase **desde las** 8:30 **hasta las** 14:30.
Entre la/las hora + **y la/las** hora	Normalmente como **entre las** 14:00 **y las** 14:30.
Por la parte del día	**Por la** tarde no tengo clase.
Ø + día de la semana	El sábado y el domingo no tengo clase.
Día del mes + **de** + mes	Nos vamos a ver el 5 **de** febrero.
En + mes/estación del año	**En** verano vamos a la playa.

ciento setenta y tres

Repaso gramatical

2. Pero también tiene otros usos:

Origen:	¿**de** dónde...?
Compañía:	¿**con** quién?
Hora:	¿**a** qué hora?
Temática:	¿**de** qué trata...?
Origen temporal:	¿**desde** cuándo...? ¿**desde** qué año?

4 Los pronombres

1. Los pronombres de **objeto directo**:

	masculino	femenino
singular	lo	la
plural	los	las

2. *Se* para expresar **impersonalidad**:

a. En una óptica *se* vend**en** gafa**s**.
   En una librería *se* compr**an** libro**s**.

b. En una panadería *se* vend**e** pan.
   En un supermercado *se* compr**an** alimento**s**.

5 La descripción

1. Los **comparativos**:

Hacer comparaciones	
De superioridad	**Más** + sustantivo/adjetivo/Ø + **que**
De inferioridad	**Menos** + sustantivo/adjetivo/Ø + **que**
De igualdad	**Tan** + adjetivo + **como** **Tanto** + sustantivo/ Ø + **como**

¡Ojo!
En las **comparaciones de igualdad con sustantivos**, *tanto* concuerda con el sustantivo en género y número:
Tengo tantos amigos como tú.
Tú tienes tantos amigos como yo.

2. Los verbos ***ser*** y ***estar***:

Ser	Estar
Usamos *ser* para: • identificar (nombre, nacionalidad, forma, tamaño, color, precio, hora...) Ej.: *Yo soy Patricia. Soy española.* • localizar acontecimientos Ej.: *La fiesta es en el patio.* • valorar Ej.: *Ha sido una fiesta muy divertida.*	Usamos *estar* para: • hablar de circunstancias y estados Ej.: *Hoy estoy muy cansada.* • localizar a personas, cosas, lugares, animales... Ej.: *La escuela está en el centro de la ciudad.*

3. Algunos adjetivos cambian de significado si van con **ser** o con **estar**:

	Con *ser*	Con *estar*
Bueno	Positivo, de buen carácter o comportamiento, de buena calidad.	Comida con buen sabor. También para personas: sano.
Malo	Negativo	Comida con mal sabor.
Claro	Con mucha luz. Color no oscuro.	Evidente.
Rico	Tener mucho dinero.	Tener buen sabor.
Abierto	Sociable, extravertido.	Lugares no cerrados donde se puede entrar.
Listo	Inteligente.	Preparado, terminado.
Cerrado	Intolerante	Lugar no accesible, no se puede entrar.

Contenido virtual
Escanea este QR si quieres ver la **transcripción** de las **pistas de audio** y de los **episodios de vídeo** del libro.

Ramón

A papá,
siempre en la memoria.

A mamá,
ejemplo, modelo, referente.

A Patricia,
compañera de aventuras.

A esos profesores y alumnos
que comparten nuestra pasión.

Patricia

A Jimena,
la aventura más bonita
de toda mi vida.

A mi compañero de vida, Juanjo.
Gracias por no dejarme caer nunca
y por vivir mi profesión casi tan intensamente como yo.

A mis padres,
en este libro hay mucho de vosotros.

A mis alumnos,
que me enseñan cada día el mundo
sin salir del aula.

A Ramón, mi compañero y amigo.
Gracias por tu infinita paciencia,
tu buen humor y
por hacer las cosas así de bonitas.
Trabajar contigo ha sido francamente divertido.

A Óscar, nuestro editor,
que nos ha guiado con simpatía y profesionalidad.
Gracias por ponernos las cosas tan fáciles
y por rebatir tan bien.
Ha sido un lujo trabajar contigo.

1.ª edición: 2021
2.ª impresión: 2023

© Edelsa, S. A. Madrid, 2021
© Autores: José Ramón Rodríguez Martín, Patricia Santervás González
   Autoras de la adaptación a la BNCC: Denise Toledo Chammas Cassar y Marta Pérez Rodríguez

Equipo editorial
Coordinación: Mila Bodas Ortega
Redacción de la guía: Óscar Cerrolaza Gili
Edición: Óscar Cerrolaza Gili y Alicia Iglesia Mirón
Diseño de cubierta: Carolina García González
Diseño y maquetación del libro del alumno: Lidia Muñoz Martín y Mar Garrido Saldaña
Maquetación del cuaderno de ejercicios y de la guía: Estudio Grafimarque, S. L.
Corrección: Alicia Iglesia Mirón

Fotografías: 123RF y colaboradores

Audio: Bendito Sonido
Vídeo, realización y dirección: Impronta Digital

ISBN: 978-84-9081-634-9
Depósito legal: M-27339-2021

Impreso en España / *Printed in Spain*

- Las normas ortográficas seguidas en este libro son las establecidas por la Real Academia Española en su última edición de la *Ortografía*.
- La editorial Edelsa ha solicitado los permisos de reproducción correspondientes y da las gracias a todas aquellas personas e instituciones que han prestado su colaboración.
- Cualquier forma de reproducción de esta obra solo puede ser realizada con la autorización de la editorial, salvo excepción prevista por la ley. Diríjase a CEDRO (Centro Español de Derechos Reprográficos, www.cedro.org) si necesita fotocopiar o escanear algún fragmento de esta obra.